最新版

90分でわかる!

喪主ハンドブック

エンディングデザインコンサルタント
柴田典子 監修
主婦の友社 編

新 90分でわかる!ハンドブック

はじめに

「突然の喪主」「はじめての喪主」を務めるあなたに

知人や友人の葬儀に出席したことはあっても、自分が葬儀の執行責任者である「喪主」になることを想像した人は少ないのではないでしょうか。

家族が闘病していて死に向かっていることはわかっていても、あらかじめ葬儀の準備をすることはなかなかできないのが心情です。それに、人の命ははかなく、いつ寿命を迎えるかわかりません。若くして亡くなるケースも少なくありません。

ですから、「**喪主の役目は突然やってくる**」といっても、過言ではないでしょう。

ひと昔前は、子どもの数も多く、冠婚葬祭事は長男にまかせればすむことでした。しかし、いまはきょうだいの数が減って、ひとりっ子も多く、自分の両親の葬儀で喪主を務めなければならない人がふえています。

そんなとき、何から手をつけてどのように葬儀を行えばいいのでしょうか。

悲しみに暮れる間もなく次々にしなければならないことが押し寄せるなか、何もわからないまま、葬儀社のマニュアルどおりに葬儀を行うと、不備や失礼があったのではと不安になったり、「こうすればもっと」と後悔することもないとはいえません。

そこで、この本では、喪主を務めるかたに知っておいてほしいことを、時系列で紹介しました。危篤にはじまり、葬儀の準備、通夜、葬儀・告別式、葬儀後にすべきこと、法要まで、基礎知識・マナー・心構えなどを中心に紹介しています。また、喪主は人前であいさつをする場面も多々あるため、7章にはその例文ものせました。

通勤電車や駆けつける交通機関の中など、短い時間でも読める構成になっており、欲しい情報だけの拾い読みも可能です。葬儀が終わるまで手元に置いて、いつでも参照できるハンディーな一冊として、役に立てていただければ幸いです。

葬儀は故人と遺族にとって、やり直しができないたった一度の別れの時間です。その人らしい別れの場を、遺族の納得できる形にして送り出してあげてください。皆さまに「後悔のない葬儀」をしていただきたいと願っております。

監修者　エンディングデザインコンサルタント　柴田典子

もくじ

3章 通夜の流れとマナー

4章 葬儀・告別式と出棺から初七日まで

From 柴田典子

付録

葬儀の大まかな流れ

	喪主のすべきこと	仏式の場合
闘病中	事前相談で葬儀社選びを開始	
危篤	遠方の家族、親族などに連絡をとる	
臨終	死亡診断書を医師よりもらう 葬儀社に連絡を入れて、遺体搬送 自宅に遺体安置する場合は簡単な清掃（枕飾りなどの用意） 菩提寺がある場合は、枕経の依頼と戒名の相談	末期の水 清拭、遺体搬送・安置 枕飾り・枕経
通夜・葬儀の準備	通夜、葬儀の日程調整 死亡届の記入 葬儀の規模や祭壇など、葬儀に関する一切を決める 遺影選び 香典返しの品物決定、会葬礼状の作成 通夜ぶるまい、精進落としなどの会食の人数を把握 お布施の準備 葬儀費用の捻出準備 / 死亡通知を出す / 喪服の用意 / 遠方からくる親戚の宿泊場所を予約 親族の供花・供物のとりまとめ	湯灌 納棺
通夜	お手伝いをしてくださったかたへのあいさつ 僧侶へのあいさつ、お布施を渡す 弔問、会葬者へのお礼のあいさつ 香典・芳名帳などの引き継ぎ	僧侶読経 通夜ぶるまい
葬儀・告別式、出棺、火葬	僧侶へのあいさつ 出棺前の喪主のあいさつ 位牌を持って火葬場へ移動 控室で僧侶の接待	僧侶読経 別れ花とくぎ打ちの儀 火葬場での読経と焼香、拾骨
火葬後	あと飾りの祭壇に遺骨を安置 精進落としのあいさつ 精進落としお開きのあいさつ 香典、芳名帳などの事務引き継ぎ	還骨回向 初七日法要 精進落とし
葬儀後の事務	葬儀費用、入院費用などの支払い 弔問客への対応 近所、故人の勤務先など関係先へのあいさつ 香典返し、あいさつ状の作成 遺品整理と形見分け / 各種諸手続き	
四十九日法要の準備	四十九日法要の案内状作成と発送 会食の会場予約 / 引き物の準備 本位牌の依頼と仏壇購入 / 埋葬場所の準備	
四十九日法要	僧侶へお布施を渡す 会食前の施主のあいさつと接待 会食お開きのあいさつ 会葬者へ引き物を渡す	入魂供養 納骨、埋葬 会食

1章

そのときが近づいたら

「危篤」を告げられたときの対応

●遠方にいる家族には真っ先に連絡

「ここ数日が山かと思われます。会わせておきたい人がいらっしゃったら、いまのうちに声をかけておいてください」

こんなふうに医師に告げられたら、まず真っ先に、その場にいない家族に連絡をとりましょう。遠方にいる場合は、駆けつけるまでに時間がかかります。場合によっては、仕事や家庭の段取りをつける必要もあるので、なるべく早めに声をかけることが大切です。

家族に連絡をとったあとは、親族や「生

重要！ 危篤に陥っている本人の気持ちに寄り添い最後に会わせておきたい人に迅速に連絡をとる。

きているうちに会わせてあげたい」と思う人に連絡をとりましょう。

本人が特に親しくしていた友人を知っている場合は、その人たちが来てくれるかどうかは別にしても、声だけはかけるようにしましょう。離婚などにより、ずっと会っていない子どもにも、可能であれば生前に確認をとっておくとよいでしょう。

できる限り、いま息を引きとろうとしている人の気持ちに寄り添うことが、悔いのない別れ方につながります。

●伝えたいことを確実に伝える

身内が危篤であることを連絡するときは、自分自身も気が動転している可能性があります。そんなときは、気を落ち着けてから、現在（病院や自宅）の住所、来てほしいタイミング、連絡先などを正確に伝えましょう。

いつ亡くなるかわからないような差し迫っている状態のときは、まずは電話で直接連絡をとり、そのあと、メールで住所や連絡先などを送ると確実です。

病院や親族の対応などで忙しい場合は、自分の家族や親族など、ごく親しい人に連絡係の役割をお願いしましょう。そんなときのために、誰に連絡をすればいいのか、事前にメモやリストをつくっておくと安心です。

葬儀を仕切る「喪主」の役目は誰が？

●故人と縁が深い人が喪主になる傾向

喪主とは、遺族の代表として葬儀を執り行い、弔問を受ける人のことです。

喪主が誰になるのかは、法律で決まっているわけではないので、誰がなってもかまいません。

昔は、家督を継ぐ人（お墓を守る人）が喪主となるのが当たり前とされていました。そのため、父親が亡くなると、その配偶者ではなく、長男が喪主を務めることが普通でした。

しかし、いまではいちばん近くで寄り添った配偶者であったり、配偶者がいない場合は、同居して最期までお世話をしていた子どもや孫だったりなど、故人と最も「縁が深い人」が喪主を務めるのが、自然な流れとして受け止められるようになっています。

●共同で喪主を務めることも

喪主は複数人で務めてもかまいません。たとえば、親が亡くなった場合、きょうだい全員で喪主を務めたり、配偶者と子どもが共同で喪主になってもいいのです。

重要！ 故人と最も縁が深い人が喪主になるのが自然の流れ。家族・親族で話し合って決める。

両親がともに亡くなってしまい、のこされた子どもがまだ小さいという場合は、子どもを喪主にして、親戚の伯父さんなどが「施主《せしゅ》」となってサポートをすることもあります。

また、子どもが親よりも先に亡くなった場合、かつては「逆縁」といって、親は喪主にならない習慣がありましたが、いまでは親が喪主を務めるのが普通となっています。

いずれにせよ、故人の希望がないのであれば、家族や親戚を交えて率直に話し合いましょう。家族の状況によって考え方はさまざまですから、喪主として誰がいちばん適切であるかを、話し合って決めるとよいでしょう。

施主の意味と役割

葬儀を執り行ううえで、喪主に対して、「施主」と呼ばれる人もいます。施主とは、「葬儀の費用を受け持つ人」のこと。

ほとんどの場合、喪主と施主は同じ人ですが、たとえば、喪主が未成年や高齢などで支払い能力がない場合、親族の誰かが施主となって金銭面をサポートします。社葬の場合、喪主は遺族ですが、施主は会社となります。

ただし、「喪主」と呼ばれるのは、喪に服している間だけ。忌明《きあ》けの法要からは、喪主だった人は、「施主」と呼ばれるようになるなど、時の経過によって呼び名が変わることもあります。

よい葬儀社を選ぶためのポイント

●葬儀社への事前相談を

よい葬儀を行うために、最も大切なこと……それは「いかによい葬儀社を選ぶか」です。

事前に調査をして情報を集め、しっかりと準備ができていればいいのですが、実際は、家族の死が現実になるまで情報を集めようとしないのが現状です。

そのため、あわてて決めてしまい、「もっと○○してあげたかった」など、心残りのある葬儀になってしまうことも多いのです。

そこで、できればしておきたいのが「葬儀社への事前相談」。

どこの葬儀社なら信頼してまかせられるのかを、数社で比較検討したうえで、最終的に決めます。

左に「葬儀社選びのチェックポイント」として、注目したい項目をあげました。同じ条件で見積もりをとることで、金銭面での比較も可能です。パッケージ化されたプランをすすめられることが多く、割安な印象ですが、実際はさまざまな別途費用を請求されることも多いので、そのあたりもよくチェックしましょう。

また、値段だけでなく、葬儀社で働く人たちの態度や対応、会場の雰囲気や清潔さなども見ておきたいものです。

●あせらず、納得のいく葬儀社を選ぶ

危篤になる前の、時間的にも精神的にも余裕があるときに事前相談をしておくのが理想です。しかし、亡くなる前に葬儀社を選ぶことは、なかなかむずかしいことです。

本人が危篤になると、家族は気持ちも落ち着かず、たいへんな状態ですが、そのときでも十分に間に合うので、故人にとっても遺族や会葬者にとってもよい葬

葬儀社選びのチェックポイント

①「親族 20 人、会葬者 100 人の仏式葬儀」を仮定し、下記の内容で見積もりを立ててもらって比較検討する。

- □お寺に払う費用を除いた葬儀に必要な平均的一式（会場使用料、祭壇、ひつぎ、会場設営、祭壇の花、遺影など）
- □返礼品、香典返し代
- □料理（通夜ぶるまい、精進落としなどすべての料理を含む）
- □車両代（マイクロバス、ハイヤー、霊柩車《れいきゅうしゃ》など）
- □火葬にかかる費用　など

②担当者の対応について

- □よく話を聞いてくれたか
- □こちらの希望を聞いてくれそうか
- □こちらのためになるアドバイスをしてくれたか
- □そのほかの職員はきちんとあいさつをしてくれたか

③会館について

- □会館内は清潔に保たれているか
- □故人の安置場所はととのっているか
- □親族控室は使いやすいか
- □何人くらい泊まれるか
- □駐車場があるか

④その他

- □返礼品の種類は豊富で、気に入ったものがあるか

重要！ できれば葬儀社数社に事前相談を。同じ条件で見積もりをとると比較しやすい。

儀にするために、納得のいく葬儀社選びをしましょう。

●葬儀社のタイプはこの3つ

葬儀社は、一般的に次の3つのタイプに分かれます。

①互助会

事前に会員になり、毎月一定額のお金を支払えば、会員が積み立てた金額を使って、冠婚葬祭をまかなうことができます。設備がととのった会館も多く、いざというときに迷わず互助会に葬儀をお願いできるのはメリット。

しかし、積み立てたお金以外にも追加費用が必要だったり、解約時に手数料として何パーセントかを引かれたりするので、しっかりと仕組みを理解したうえで入会しましょう。

②一般葬儀社

昔ながらの町の葬儀屋から、新しい発想で葬儀サービスを手がける新規参入の葬儀社までさまざま。できれば周囲の人たちから口コミ情報を集めて、親身に寄り添ってくれる葬儀社を選びましょう。

③紹介制の葬儀社

「イオンのお葬式」「コープのお葬式」などは、企業や団体の自社ブランドを扱う葬儀社を紹介してくれます。

画一化されたプランやパッケージをすすめられることが多いようですが、価格設定が明確なので利用者がふえています。

事前に準備しておいたほうがよいこと

1 必要な資金の事前準備

死亡後、本人の預貯金が凍結されるので、葬儀に必要な資金（現金）の調達をしておく（50ページ参照）。

2 本人の本籍

死亡届に記入する際に必要になるので、本人の正確な本籍地を把握しておく。

3 葬儀のときの会葬者予想リスト

本人が親しくしていた人をリストアップ。危篤のときに連絡する人のリストを兼ねることもできる。

4 菩提寺の電話番号

菩提寺《ぼだいじ》がある場合は、死後すぐに葬儀の日取りを連絡できるように電話番号を控えておく。

5 着せてあげたい死に装束

本人が気に入っていた洋服などがあれば、それを死に装束として用意。

6 安置する場所

亡くなったあと、すぐに搬送して安置しておく場所を確保。

From 柴田典子

大切な家族を見送るとき

これからの日本では、人が亡くなる場所が病院だけでなく、介護施設や自宅でみとられることも多くなってきます。医療面で手の施しようがないのであれば、無理な延命はせずに、自然に逝《い》くことを望む人もふえてきました。そのときに、医師や看護師さんが付き添っているとは限りません。医師からは余命を告げられていても、死に慣れていない家族にとっては不安があるでしょう。死の直前に少し息づかいが荒くなっても、本人は死の準備の一環で苦しくはないそうです。そっと呼吸を合わせて、手や背中や足をさすり、これまでの感謝やねぎらいの言葉をかけてあげましょう。最期まで耳は聞こえているようですし、体温のあるうちは、家族にエネルギーを託していくといわれています。ご本人にとっては、救命処置より家族の温もりのほうが、きっと心地よいでしょう。そして、家族にとっても、手を尽くした感覚が残ります。たとえ、死の瞬間に間に合わなくても、背中に温もりがあるうちは、魂が存在しているのだそうです。自然な最期のよいみとりのためにも、元気なうちに延命措置を望むのか、拒否するのかを聞いておくか、エンディングノート（96ページ）に書いておいてもらいましょう。

2章
臨終後すぐから通夜まで

葬儀社選びは慎重に

臨終直後の対応と急な葬儀社探し

●病院で亡くなった場合

いまはほとんどのかたが病院で臨終を迎える時代です。息を引きとる瞬間に立ち会う家族や親族は、深い悲しみに襲われることでしょう。しかし、悲しみにひたる間もなく、すぐに看護師による清拭《せいしき》や遺体処置が行われます。

点滴や呼吸器をはずす、切開している場所をもれないように処置する、鼻や口に綿を詰める、体を清潔にする、死に化粧をするなど、1時間くらいかけて、故人をきれいにします。このとき、故人に着せる浴衣や洋服などの支度をしておくと、着がえをさせてくれます。

死亡を確認すると、医師から死亡診断書が手渡されます。死亡診断書は、死後の諸手続きに必要なものです。故人名、住所、生年月日などにまちがいがないか確認し、訂正があれば、その場ですぐに伝えるようにしましょう。

●すぐに葬儀社に連絡を

そのあと、病院側から「葬儀社に連絡を」と言われるので、葬儀社が決まっていればそこに連絡を入れて、搬送と遺体の安置をお願いしましょう。

葬儀社が決まっていないと、病院から紹介された葬儀社や一覧表にある葬儀社から選ぶことになりますが、その葬儀社に葬儀まですべてをお願いする必要はありません。

とりあえず、病院から自宅など遺体を安置する場所への遺体搬送をお願いするだけにとどめ、あとのことは、遺体安置後に考えることも可能です。

大きな病院の場合、葬儀社が病院内に待機していて、病室から霊安室まで無料搬送してくれます。それ以降の搬送と安置は、家族で話し合って決めましょう。

●葬儀社による搬送

葬儀社に連絡をすると、1時間ほどで病院まで迎えに来てくれます。そのあと、搬送車に故人をのせ、家族が1~2名同乗して遺体安置場所まで運びます。

忘れ物がないかを確認し、お世話になった医師・看護師にあいさつをして、病院をあとにしましょう。

この時点で、葬儀をお願いする葬儀社が決まっていない場合は、安置場所まで搬送してくれる葬儀社の言葉づかいや身だしなみ、説明の仕方など、対応をチェック。お願いする葬儀社としてふさわしいかを冷静に観察しておきましょう。

●急な葬儀社選び

とりあえず、病院から自宅までの遺体搬送をお願いしたら、「これから家族でどこの葬儀社にするかを相談しますので、一度お引きとり願えますか？　搬送料金の請求書を送っていただければ振り込みます」とはっきり伝えましょう。

「これから探すのもめんどうだし、ほかの葬儀社もよく知らないから」と安易に頼んでしまうと、希望する葬儀にならなかったり、段取りが悪くミスが多かったりして、後悔することも多いものです。

多少手間に感じても、周りの人のアドバイスも聞きながら、少なくとも3社くらいには電話を入れて、15ページの「葬儀社選びのチェックポイント」をもとに、至急、見積もりをとりましょう。

数時間のうちに、複数の葬儀社に時間をずらして家に来てもらい、説明を受けることも可能ですし、その時間がなければ、電話のやりとりだけでもOKです。

●自宅で亡くなったときの対応

自宅でみとった場合は、かかりつけの医師か病院に連絡をして、すぐに自宅に呼び、死亡確認のあと、死亡診断書を発行してもらいます。

一方、昨日まで元気だったのに朝起きたら布団の中で息を引きとっていた場合や自死など、予測のできない亡くなり方をした場合は、そのまますぐに警察に連絡をします。警察は現場の様子を確認後、警察の霊安所に搬送し、監察医により事件性があるかないかの判断と死因を特定し、「死体検案書」を発行してくれます。

急に亡くなった場合は、葬儀社を決めていないことがほとんどですが、そんなときほど、よいお別れをするためにも、納得できる葬儀社選びが必要です。

重要! 息を引きとったら なるべく早く病院から安置場所へ搬送を。そのあと、じっくり葬儀社を決める。

末期の水とは?

「末期《まつご》の水(死に水)」とは、臨終後すぐ、親しい者が亡くなったばかりの人の口に含ませる最後の水のこと。割り箸などの先に脱脂綿やガーゼをしばりつけて水を含ませ、血縁の近い者から順番に、故人の唇を軽く潤します。釈迦《しゃか》が臨終のときに水を求めたことからきていますが、いまでは、死者が渇きに苦しまないように、安らかにあの世に旅立ってほしいという願いもこめられています。

キリスト教式と神式の葬儀

宗教葬は仏式のほか、キリスト教式と神式があります。キリスト教式の場合、臨終の際に司祭か牧師が立ち会い、故人を神にゆだねる祈りをささげます。葬儀は教会で行いますが、葬儀社選びは必須。キリスト教式の場合も、仏式同様、喪主を決定して、通夜にあたる「前夜祭」、葬儀・告別式の打ち合わせを行います。

一方、神式の葬儀を行う場合も、葬儀社選びは欠かせません。神式の場合、死は「穢《けが》れ」ととらえるので、神様が祀《まつ》られる神社で葬儀を行うことはできません。会場は貸し斎場や故人の自宅となります。

各宗教や宗派によってしきたりが異なるので、できればキリスト教式、神式の葬儀経験が豊富な葬儀社を選ぶのがベスト。会場の設営や進行など安心してまかせることができます。

自宅に遺体を安置するとき

●清潔な場所で安置を

式場に遺体を安置する場合は、葬儀社が行いますが、自宅に遺体を安置する場合は、次のことに気をつけます。

①安置する場所の確保と清掃

弔問客が訪れる可能性がある場合は、人の出入りができる安置場所を確保します。さっと掃除機をかけるなど簡単な掃除をしてから安置するとよいでしょう。

②布団・枕を用意する

故人が使っていた布団と枕を用意し、故人を安置する場所に敷きます。遺体保

仏式の遺体安置と枕飾り

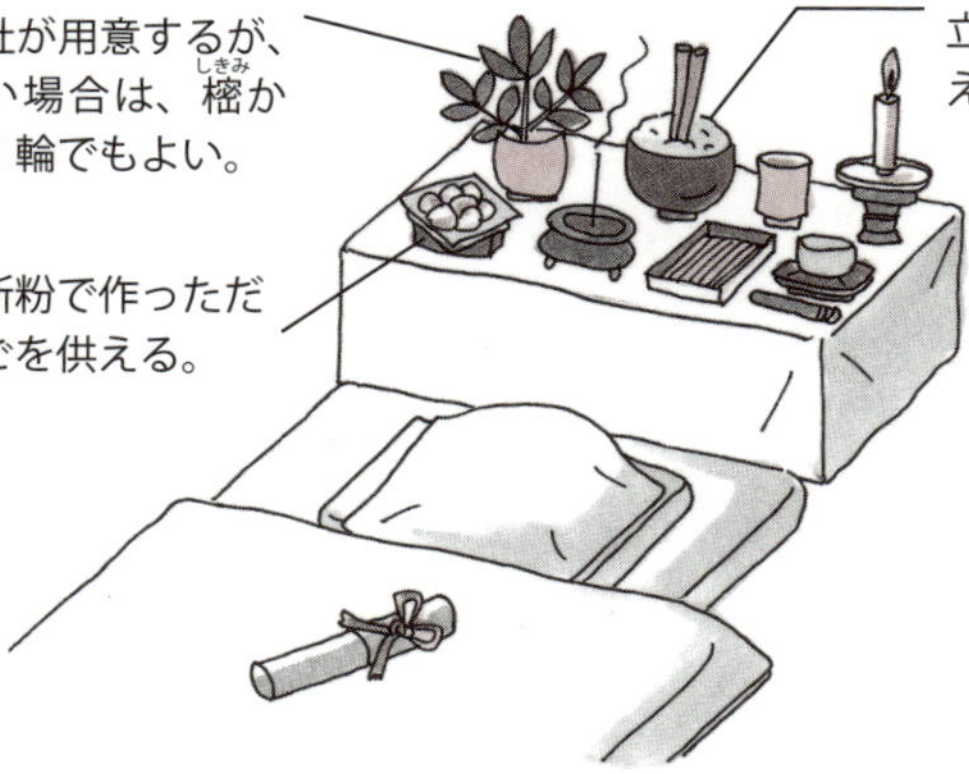
枕花は、通常、葬儀社が用意するが、ない場合は、樒《しきみ》か菊１輪でもよい。
ごはんに箸を突き立てたり、横に添えたり。
上新粉で作っただんごを供える。

重要！ 清潔な場所に故人を寝かし、
小さな祭壇に枕飾りをつくって、故人を弔う。

存のためにドライアイスを置きますが、冷気を逃さないよう、布団は厚めのものが適当です。仏式は北枕といわれますが、あまりこだわる必要はありません。

③部屋の温度は低めに

遺体の腐敗を防ぐために、布団の中にドライアイスを入れますが、エアコンなどでなるべく部屋の温度を低めに保ち、日差しを防ぎましょう。

●枕元に小さな祭壇をつくる

遺体の枕元に、小さな祭壇をつくりますが、これは葬儀社が行います。

①枕飾り

仏式の場合、香炉、線香、燭台《しょくだい》、ろうそく、鈴、枕だんご、水、一膳飯、枕花を用意します。枕だんごや一膳飯、鈴は、慣習や宗派によって異なり、不要なこともあります。

②守り刀

浄土真宗以外の宗派では、魔よけの意味で、刃先を足のほうに向けるようにして、布団の上に刃物を置きます。

③神棚封じ

死の穢《けが》れが神棚に入り込まないためという意味から、白い半紙で神棚の正面を隠します。四十九日を過ぎたら、半紙をはがします。

仏壇の扉は閉じないで、いつもと同じようにお参りしてください。

菩提寺がある場合はその寺に連絡を

枕経をあげてもらい戒名を授かる

●戒名は菩提寺にお願いする

菩提寺《ぼだいじ》がある場合、多くは、遺体安置後、僧侶を迎え、遺体の枕元でお経をあげてもらいます。これを「枕経《まくらぎょう》」といいます。そのときに使う用具は、安置したときに支度した枕飾りで行います。

枕経のお布施については、地域によって、葬儀のときのお布施に含まれるという考え方と、別途必要という考え方があるので、「枕経代はどうすればよろしいでしょうか」と率直に聞きましょう。

戒名は、通夜の前に授かるのが一般的。菩提寺がある場合は、原則、菩提寺から戒名を授かるので、枕経に来てもらったときに、戒名についても相談するとよいでしょう。

また、家族の死をきっかけに菩提寺をもちたい場合は、希望する寺院から戒名を授かり、葬儀もお願いしましょう。

一方、菩提寺がなく、葬儀は仏式を希望するけれど、お墓は民間の霊園など無宗教を希望する場合は、戒名をつけなくてもかまいません。生前の名前（俗名）のまま葬儀、埋葬を行うことも可能です。

重要！ 寺院に埋葬したいなら菩提寺から戒名を。民間霊園を希望するなら俗名のままでもよい。

●原則、戒名料はお布施に含まれる

戒名とは、本来、仏様の弟子に与えられるものです。亡くなったあとに戒名をつけるのは、浄土で仏弟子として修行をするためといわれています。

戒名をつける料金が「戒名料」ですが、通常、葬儀のときにまとめて払う「お布施」に含まれています。ただし、位の高い戒名を授かった場合は、戒名料も増します。また、これらの形式や呼び名は、宗派によって異なるので、お寺とよく相談をしてください。

戒名料やお布施の料金は決まっているわけではないので、迷ったときは、葬儀社やお寺に相談しましょう。

戒名の構成

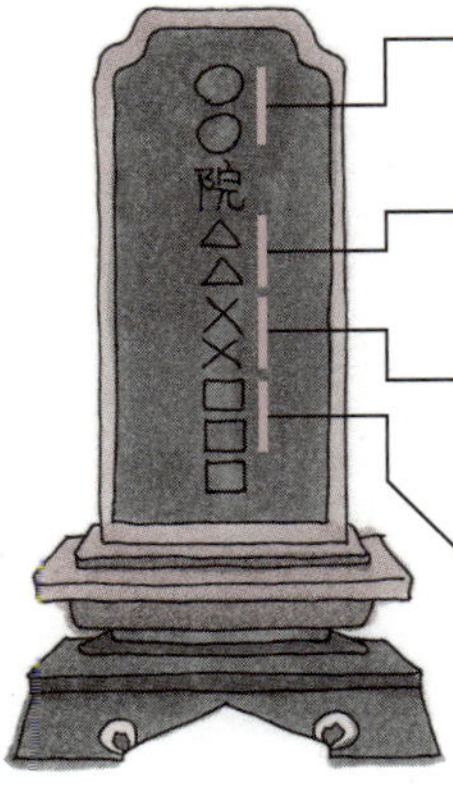

院号
身分の高い人につけられた名前といわれている。

道号
仏道を修得した高僧につけられる名前。

戒名（法号・法名）
この２文字が本来の戒名。俗名から１字とってつけられることが多い。

位号
性別や年齢などをあらわす。「居士」「大姉」「信士」「信女」「童子」など。

葬儀の日程を決めるときのポイント

●葬儀社のペースにのまれない

葬儀社を決めたら、さっそく、葬儀社との打ち合わせに入ります。そのときに最も重要なことは、「急がずに、状況がととのった時点で始める」ということ。

急いで打ち合わせをすると葬儀社のペースになりやすく、ここで決定したことは、葬儀代金に反映されてしまいます。

空腹なら食事をしてから、夜間に家に着いたなら翌日に、疲れていたら仮眠してから、相談すべき家族が着いてからなど、体調や思考、周りの状況がととのってから打ち合わせに臨みましょう。

●まずは日程決めから

最初に決めることは、葬儀の日程です。仏式の場合は、僧侶のスケジュールを確保する必要があります。

菩提寺がある場合は、枕経のお願いついでに、遺族から直接僧侶へ電話をし、葬儀の依頼と日程の相談をしましょう。

菩提寺がなく、葬儀社にお寺の紹介を頼んだ場合は、葬儀社が日程調整をしてくれることが多いようです。

また、希望する日に火葬場、式場があ

重要！ 葬儀社のペースで決めず、状況がととのってから打ち合わせを。葬儀は急がず無理のない日程で。

いているか、家族や親族が参加できるかなど、都合を調整する必要があります。

たとえば、朝方早くに亡くなった場合、その日に通夜を出すことも可能ですが、仕事がある人に、突然「今夜が通夜なので来てほしい」と声をかけても、都合をつけるのはむずかしいもの。

礼儀として、少なくとも亡くなってから中1日は余裕をとりましょう。

●無理のない日程で

また、長い連休のまん中や、年末年始などに葬儀をすると、親族の予定を変えさせてしまったり、参列者も少なくなったりする可能性があります。家族の誰かが海外出張、受験など、どうしても休めない予定と重なった場合は、現実の生活を優先して考えてかまいません。

葬儀までの時間が長ければ、親族も仕事の調整がつけやすかったり、弔辞を読んでもらう人をお願いできたりなど、メリットはたくさんあります。

遺体は、「エンバーミング」といって、腐敗を止め、元気なときの故人の面影を残せる技術をほどこすことも可能です。

故人の姿を見ている時間が長いほど、死を受け入れやすく、悲嘆からの立ち直りが早い傾向にもあるので、「早く火葬に」とあわてることなく、家族や親族にとって、無理のない日程を組むことが大切です。

あげたい葬儀をイメージする

●葬儀の規模を決める

次に葬儀の規模を決定します。たいていは次の4つです。

①通常の葬儀

親族や仕事先、友人などに訃報を流し、その人の判断で来てもらう。

②家族葬

呼びたい人だけに声をかけ、ほかには知らせない。

③一日葬

通夜は行わず、火葬当日に親しい人たちだけで、告別式のみを行う。

④直葬《ちょくそう》

通夜・告別式は行わず、安置後、直接火葬場に搬送し、火葬にする。

●宗教をからめる、からめない

規模を決めると同時に、宗教を介した葬儀にするかどうかも決定します。現在日本で行われる葬儀の多くが仏式ですが、キリスト教のキリスト教式、神道の神式もあります。また、都市部では宗教を介さず、故人の思い出話を語り合ったり生演奏を流したりなど、形式にとらわれない無宗教葬も広まりつつあります。

重要！ 特に故人の希望がなければ、葬儀の規模やスタイルについて、親族とよく話し合って決定する。

家族葬を行うときの外部への対応について

「家族葬をします」とだけ告知すると、「行っていいのか」「香典だけは届けてもいいのか」など、周りを迷わせてしまうことに。そこで、次のようなことについて対応を統一しておきましょう。葬儀全体のプランにもかかわることなので、はずせないポイントです。

□訃報は会葬してほしい人だけに伝える？
訃報は出すが会葬を辞退する？

□葬儀の最中に会葬者が見えたら、ていねいに断る？
家族と一緒につきあってもらう？

□声をかけていない人から「香典をお渡ししてもいい？」「供花や供物を出すのはかまわない？」と聞かれたら、ていねいに断る？　受けとる？

□会葬者からの香典、供花、供物は受けとる？　辞退する？

□会葬者への礼状は用意する？
しない？

□会葬者への返礼品、香典返しは用意する？
しない？

□会葬者への通夜ぶるまい、葬儀後の会食は、準備する？　しない？

＊集合住宅などの場合は、広報スペースに訃報を出して会葬辞退を明記すると、近所の人たちが迷わずにすみます。

死後、役所に届け出が必要な書類

●死亡届は家族が記入する

死亡届は死亡診断書と左右で1枚の用紙になっていて、亡くなってから7日以内に、市区町村の役所への提出が義務づけられています。

記載内容は、故人の氏名、住所、本籍地、届出人の氏名、住所など。故人の正確な本籍地が必要になるので、あらかじめ調べておくとよいでしょう。

死亡届は私文書です。葬儀社が書いてくれる場合もありますが、そのときは内容を確認するようにしてください。

また、死亡診断書は、保険会社や年金などの各種手続き時にも必要になるので、数枚コピーを用意しておくと便利です。

●死亡届の提出は葬儀社が代行

死亡届を役所に提出すると、死体火葬許可証が交付されます。死体火葬許可証がないと火葬できないので、葬儀の前日までには、死亡届を役所に提出するようにしましょう。

死亡届を届け出る人は、①故人と同居の親族、②同居していない親族、③親族以外の同居者、④家主、地主または家屋

重要！ 死亡届は死後７日の間に役所に提出。正確な記入を心がけ、あとは葬儀社に代行してもらうとよい。

や土地の管理人、の順序で義務づけられています。

役所に死亡届を提出する人は届出人でなくてもかまいません。遺族は葬儀の準備で忙しいときですから、たいていは葬儀社が代行して提出してくれます。

代行をお願いするときは、印鑑（認印でＯＫ）を預けましょう。役所で訂正があったときに印鑑が必要になります。

また、分骨を希望する場合は、この時点で葬儀社に伝えておくと、分骨申請もしてくれるのでスムーズです。

法律で定められた必要書類の流れ

臨終後すぐに、医師から**死亡診断書**をもらう。

↓

喪主や遺族が**死亡届**を記入。

↓

葬儀社が代行して、役所へ**死亡届**と**火葬許可申請書**を提出。

↓

役所は**死体火葬許可証**を交付。

↓

火葬の際に、**死体火葬許可証**に管理事務所が必要事項を記入したものが、**死体埋葬許可証**となる。

↓

納骨の際に、墓地の管理者などに**死体埋葬許可証**を提出。

見積もり確認のチェックポイント

●主な喪主の負担は祭壇費用

葬儀社の出す見積もりのメインは、祭壇費用です。見積もりが出てきたら、祭壇費用に何が含まれているのかを確認しましょう。

祭壇費用に、葬儀の必需品（ひつぎ、骨つぼ、看板、写真、霊柩車などの車両関係）がすべて含まれていれば、喪主の費用負担は、この部分と考えてください。

料理、返礼品、香典返しは、会葬者の人数によって金額が増減しますので、別途費用で計算されます。

日本では、会葬者が弔意を香典という形であらわします。親戚や一般の会葬者の香典平均額は、1人5000～7000円といわれています。

この金額で料理や返礼品、香典返しはまかなえるので、人数の増減があっても、喪主の負担額は変わりません。ですので、祭壇費用がまかなえれば、あとの負担については、あまり心配する必要はありません。むしろ、家族葬でお香典を辞退する場合は、葬儀費用の全額が喪主負担になることを心得てください。

重要！

見積もりが出たら、祭壇費用に葬儀の必需品がすべて含まれているかの確認を。

●供花を祭壇周りにかためて華やかに

祭壇を決めるとき、式場の広さに見合った祭壇の大きさをすすめられることがありますが、祭壇が大きくなるとその分花を多く使うので、値段が上がります。

そこで、親族や会社関係などから供花が多く届くことがわかっているときは、ワンランク小さな祭壇にして、その周りに供花をかため置くことで、華やかな祭壇をつくることが可能です。

供花は故人のために縁のあった人が供えるもので、葬儀費用として喪主が支払うものではありません。工夫しだいでお金をかけずに祭壇を華やかにすることもできるのです。

供花は生花祭壇と同じ種類の花でそろえ、札をはずし、祭壇の周りを囲むように配置すると華やかに見えます。はずした札は、芳名板にまとめて、会場の入り口あたりに配置を。

故人のイメージを投影する遺影選びを

●故人らしい写真を3枚は選ぼう

遺影用の写真は、故人のイメージとして刻み込まれる大切なものです。

故人が気に入っていた写真がわかる場合は、それを使うのがいちばんですが、特に何も聞いていない場合は、「この顔こそ故人らしい」と思える写真を3枚ほど選びましょう。

遺影用の写真は小さい写真から拡大することが多いため、ぼやけて見えることもあります。ですから、3枚ほど葬儀社に預け、最も本人らしさが感じられるきれいな写真を遺影として拡大してもらうとよいでしょう。

残りの写真は、受付など会場のどこかに飾っておくと、故人を懐かしんでもらえます。

●死去した年齢にこだわらず選んで

遺影に使う写真は最近のものからと思いがちですが、病気になってからのものよりも、元気だったときの写真のほうが、故人らしさが引き立ちます。

また、表情はいいけれど、背景や洋服がいまいち……という場合は、修整が可

重要！ 遺影は、若いときや、
元気なころの写真でもOK。
故人らしさが感じられるものを優先しよう。

能なので、葬儀社に相談しましょう。写真はデジタルデータでない場合は、プリントでもかまいません。

●故人の人生を回想できる葬儀に

大きく飾る遺影は1枚である必要はありません。故人の学生時代の写真、結婚当初の写真、新入社員のころの写真、定年後趣味を楽しんでいる写真など、何枚かを並べて、会葬者に故人を懐かしんでもらうのも一つの方法です。最近は、電飾遺影や液晶遺影などデジタル化され、明るく鮮明に映る遺影も見かけます。

From 柴田典子

バレリーナの遺影

私が担当した70代で逝去された女性の葬儀では、バレリーナとして活躍していた20代のころの写真を、遺影として飾ったことがありました。これはお嬢さまの強い希望によるもの。お母さまが輝いていたときのことを会葬者のかたに知ってほしいという思いがあったのでしょう。とても温かい、よい葬儀になったことを覚えています。

生前に遺影用写真を撮っておくのも◎

遺影用写真を選ぶ作業は、意外と遺族を悩ませるもの。そこで私は、喪主をはじめ遺族の皆さんに、生前に遺影用の写真を撮っておくことをおすすめしています。

葬儀社などで、遺影用写真撮影会なども行われているようです。プロのカメラマンが撮ってくれる写真は、素人が撮ったものとは格段に違います。

いつ寿命を迎えるのかはわかりませんから、とびきりの1枚を遺影用写真として用意しておくことも検討してみてはいかがでしょうか？

心に残る会葬礼状と返礼品

●心に響く会葬礼状とは？

通夜、告別式に参列した人全員にお礼の意味で配られるのが、会葬礼状と返礼品。500円程度のハンカチなどの返礼品とともに、礼状を配ります。

礼状は、昔ながらの紋切り型のものもありますが、故人への思いなどを文章に入れると会葬者の心に響きます（154ページ参照）。オリジナルの文章を葬儀社で扱っていない場合は、家で便箋に印刷をして、葬儀社で用意した会葬礼状と一緒に封筒に入れて用意しましょう。

会葬礼状は、葬儀後、家に弔問にいらしたかたにもお渡しできるように、会葬者数より多めに準備しておきます。

●もれもなく手間もいらない「即日返し」

香典返しには、葬儀のときに一律の品物をお返しする「即日返し」と、四十九日法要をめどにお返しする「あと返し」がありますが、葬儀後の手間を省くため、即日返しが一般的になってきています。ただし、高額の香典をいただいた場合は、即日返しだけでなく、後日、再びお返しをするのが礼儀です。

重要！ 香典返しは、「即日返し」が一般的。高額の場合は後日に再びお返しを。

●即日返しとあと返しの比較

	即日返し	あと返し
考え方	香典金額にかかわらず、一律にお返しをする。ただし、即日返しだけですます目安は１万円まで。	香典金額に合わせて、お返しをする。
１人あたりのお返しの金額	約 1/3（2500 ～ 3000 円）。１万円までの香典は、これでお返しずみとする。	約 1/2。金額に合わせて、個々に香典額の半返しをすることが多い。
送料	不要	500 ～ 1200 円／人
リスト作り	不要	香典をいただいたかた全員を転記し直して、もれがないようにリストを作る必要あり。
香典総額 100 万円のときのお返しの総額	25 万～ 30 万円	約 50 万円+送料約 10 万円（約 1000 円 ×100 人）＝約 60 万円
その他	●２万円以上の香典をいただいたかたには、四十九日法要のころに、１万円を引いた差額分の半返しを目安にお返しをする。 ●親族からの香典は一般会葬者より高額なことが多いので、四十九日法要に合わせてお返しをしたほうがよい。	

最近の香典返し事情

好きなものから選べるカタログギフトは、手堅く人気。返礼品の内容は、従来のお茶やのりばかりでなく、クッキー、パウンドケーキ、お茶漬けセット、ドリップコーヒー、今治のタオルなどの実用品まで、多様化しています。

葬儀にかかる飲食代と車両代

●食事の人数を把握

地域によりますが、通夜のあとは弔問客に食事をふるまう「通夜ぶるまい」と、初七日のあとの「精進落《しょうじん》とし」があります。

通夜ぶるまいは、すしやオードブルなどの大皿料理が基本。会葬者が焼香をしたあと、別室で食べ物をつまむ程度なので、会葬者数の3分の2人分程度の量を支度すれば間に合います。

ただし、会葬者が20人以下の場合、少ない量だと遠慮してつまみづらいので、多めに準備したほうが無難。親族やお手伝いをしてくださったかたには、会葬者とは別に人数分の料理を用意しましょう。

精進落としの食事は会席膳が基本です。1人4000円程度で、通常、飲み物代は含まれていません。人数分を準備します。菩提寺がある場合は、通夜ぶるまい、精進落としに僧侶も参加するかを確認して、必要なら僧侶の分も忘れずプラスしておきましょう。

飲み物代は人数にもよりますが、ビールやソフトドリンクなど、2日間で1万

重要！ 葬儀を行うにあたって、葬儀そのもの以外にもかかるお金があることを覚えておこう。

〜3万円と考えておけばよいでしょう。

●車両代や心づけも必要

そのほか、葬儀には自宅から式場まで遺体を運ぶ搬送車代、霊柩車代、住職と遺族を乗せて式場と火葬場を往復するハイヤー代（もしくはタクシー代）、マイクロバス代が必要です。また、火葬場での控室使用料、火葬料、火葬場の控室での飲食代のほか、地域によって霊柩車やハイヤー、マイクロバスの運転手への心づけ、火葬場への心づけなども用意します（下の金額の目安を参照）。

なお、火葬場への支払いや車両代については、葬儀社が立て替え払いをしてくれて、葬儀代とともに請求されるスタイルが多いようです。念のため葬儀社に確認しておくとよいでしょう。

●車両代、火葬時の費用、心づけの金額の目安

車両代	搬送車（病院から自宅、自宅から式場）	10㎞以内なら、各2万円程度
	霊柩車（式場から火葬場まで）	約4万円
	ハイヤー（式場と火葬場を往復）	約1.5万円×台数
	マイクロバス（式場と火葬場を往復）	約3万5000円（24人乗り）
火葬時の費用	火葬料（市営の場合）	1万〜2万円（地域により異なる）
	控室使用料	5000円程度
	控室での飲食代	人数により1万〜2万円程度
心づけ	霊柩車の運転手	3000〜5000円
	ハイヤーの運転手	2000〜5000円
	マイクロバスの運転手	3000〜5000円
	火葬場（民間の場合のみ）	3000〜5000円

死亡通知の出し方とタイミング

●死亡通知はすべてが決まってから

葬儀社との打ち合わせで、さまざまな詳細が決まったら、故人の関係者に死亡通知を出して訃報を告知します。死亡通知は葬儀社が用意してくれるので、友人や勤務先、町内会、サークルなどで中心的な人に連絡をしましょう。そのネットワークで広がることが考えられます。

死亡通知は、葬儀のスケジュールなどこまかいことがすべて決まってから出しましょう。あやふやな状態で告知をしてあとから変更があると、また連絡をとらなければならず、二度手間になってしまいます。

家族葬にする場合は、会葬してもらいたいごく親しいかたに向けての死亡通知を出すと同時に、そのほかのかたへは会葬をお断りする旨の通知を出すといいでしょう。

家族葬だからといって訃報を知らせないと、気を悪くする人がいるかもしれませんし、訃報を知らせるだけでは、会葬していいのか、香典を届けていいのかなど迷わせてしまいます。ですので、訃報

重要！

死亡通知は、こまかい日程が決まってから。家族葬の場合は、失礼のないよう会葬を断る通知もしたほうがていねい。

を知らせると同時に、会葬、香典、供花も辞退させていただく、という一文を明記すると親切です。

●新聞広告を出す場合

故人の社会的知名度が高かったり、公的要職についていたなどの場合は、新聞広告を出します。新聞社への対応は、葬儀社ではなく故人の家族が直接やりとりします。

地域によっては、亡くなったかた全員を訃報欄にのせるところもあるので、その場合は、葬儀社が新聞社に訃報を知らせることもあります。

家族葬での会葬をお断りするときの通知例

父△△は　○月○日○時○分に永眠いたしました　享年○歳でございました
生前には故人がたいへんお世話になり　ありがとうございました　故人の生前からの強い希望によりごく身内だけで葬儀をすることにいたしました　ご会葬　お香典　お花も今回はご辞退させていただいております
せっかくのお気持ちをお断りするのは心苦しいのですが　故人の遺志を尊重していただき　ぜひご理解をお願い申し上げます

○○○○年○月○日
東京都○○区○○町1ノ2ノ3
喪主　○○○○

故人を送る「湯灌」「納棺」

●通夜の前に遺体を清潔にする

病院で亡くなると、看護師が遺体をふき清めて、きれいな状態にしてくれますが、それとは別に、通夜までに、故人とゆっくりお別れをする儀式として、「湯《ゆ》灌《かん》」「納棺の儀」を行うことがふえてきました。

湯灌とは、遺体をお風呂に入れることです。昔はたらいにお湯を入れて、故人の体をふいていましたが、いまは、自宅に巡回する介護入浴車のような「湯灌車」があり、浴槽を室内にセットして遺体の体と髪を洗い清めたあと、ドライヤーをかけ、死に装束への着がえ、死に化粧をしてくれるサービスがあります。

湯灌をしない場合は、家族や親戚が洗浄綿のような消毒された布で、顔や手など肌の出ている部分だけをふいて、湯灌のまね事を行うことが多いようです。

遺体を安置してから葬儀までの日にちがかかるときは、納棺師と呼ばれる人が、遺体の処置や、やわらかな表情づくり、死に化粧などをして、きれいな状態で納棺できるようにすることもあります。

重要！

湯灌や納棺などの儀式は、故人に向き合い、お別れをし、心の整理をつけるためのプロセス。

●愛用品もひつぎにおさめる

こうして、遺体を清潔な状態にしたら、ひつぎの中に遺体をおさめる「納棺の儀」に移ります。納棺の際は、遺体を数人で抱くようにしてひつぎにおさめますが、葬儀社だけでなく、家族や親族も一緒に手伝うことのほうが一般的です。

ひつぎにおさめたら、故人の愛用品やお花などを遺体の周りに入れて、ひつぎを飾ります。これらの儀式的な行いは、しっかりと故人とお別れをするためのもの。故人への感謝の気持ちが生まれ、遺族の心の痛手を最小限に抑えることへとつながります。

死に装束の例

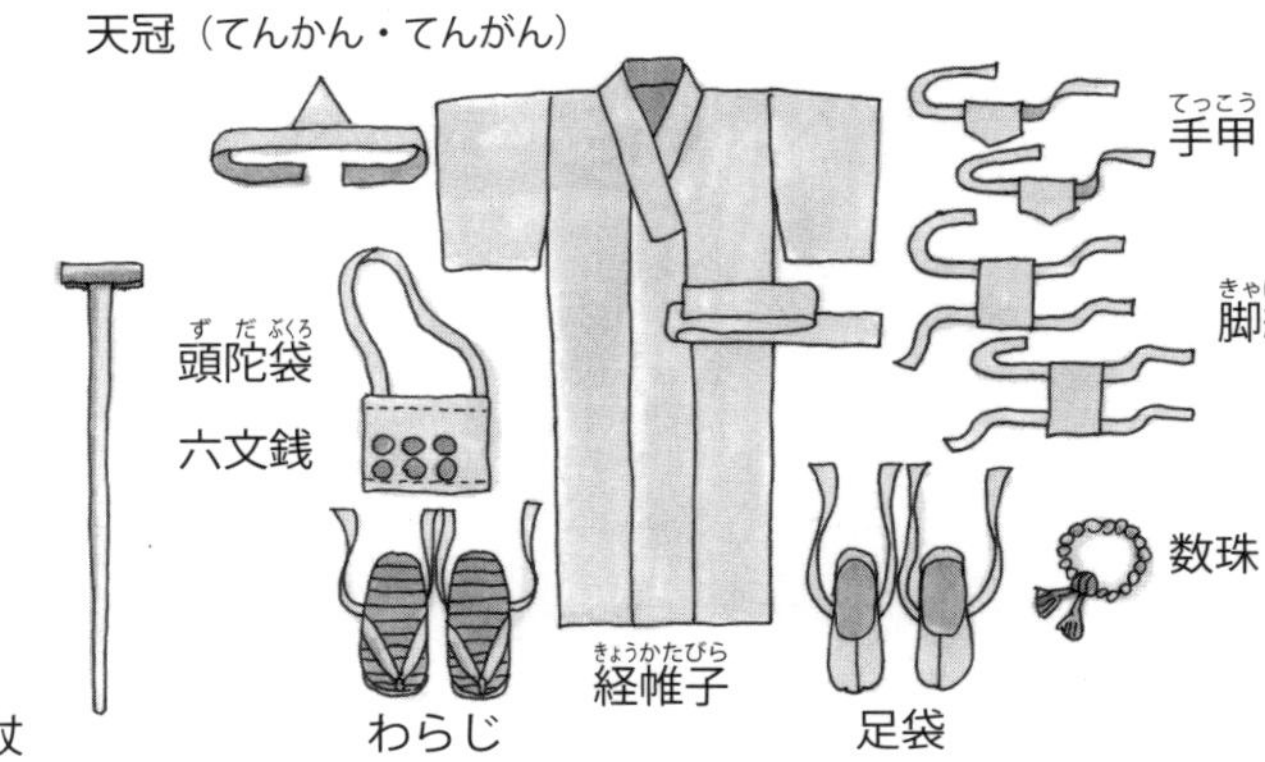

仏式は、白い経帷子を着せるのが一般的（宗派によっては特別な支度はなし）。これらは葬儀社が用意してくれます。

喪服を着用するときのポイント

●和装、洋装どちらでもＯＫ

以前は、通夜のときから喪服を着ると、「不幸を予測していたのでは」と思われかねないため、遺族であっても通夜は黒を基調とした地味な服装にし、葬儀・告別式に正式な喪服を着たものでした。しかし、現在では参列者も喪服で訪れることから、遺族も通夜・葬儀・告別式を通して喪服を着用するようになりました。

喪服には和装、洋装があります。正式には和装ですが、最近は洋装がふえています。

喪服を持っていない場合は、葬儀社で貸衣装も手配してくれるので相談を。その場合に参列する親戚にも確認をとり、必要な場合は一緒に申し込みましょう。

和装の場合、腰ひも、帯板、帯枕、肌じゅばん、足袋、ハンドバッグなど小物も多いので、それらも貸し出しが可能か確認することも忘れずに。

高校生以下の遺族や親族は、学校の制服、もしくは黒やグレー、紺などの地味な色の洋服で参列します。

重要！ 現代は、通夜、葬儀・告別式ともに、喪主や親戚も喪服を着用。和装、洋装、どちらでも大丈夫。

女性

和装
五つ紋つきの黒無地の着物、黒帯、長じゅばん、半襟、白足袋。

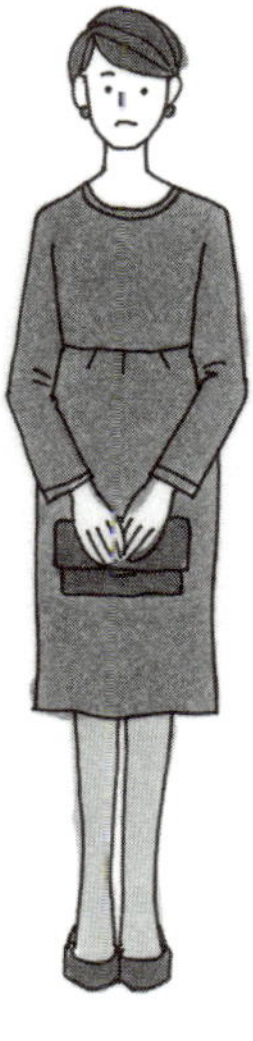

洋装
黒のフォーマルドレスやスーツで、光沢のない生地がベスト。真珠のネックレス程度はOK。化粧はナチュラルメイクで。

男性

和装
黒無地、五つ紋つきの着物・羽織、仙台平のはかま、角帯、白足袋、黒草履。

洋装
黒のフォーマルスーツを着用するのが一般的。シングル、ダブル、どちらの場合も白のシャツ、黒無地のネクタイをし、腕時計はシルバー系、カフスボタンは黒曜石などにする。

駆けつけてくれた親族への対応

●親族との連絡は密に

家族の誰かが長い間病気を患っているなど、死を覚悟しなければならないときは、ふだんから親族と連絡をとり合って、現状を伝えておくことが大事。事情を知っていれば、亡くなったときにすぐ駆けつけてくれることでしょう。

親族が多い場合、喪主が一人ひとりに対応していると疲れてしまうので、喪主に近い親族でコミュニケーションをじょうずにとってくれる人に、親戚との連絡や確認などの対応をお願いしましょう。

遠方から来てもらう場合は、宿泊先の確保が必要です。人数の制限はあるものの、葬儀会館などに宿泊できる場合もあるので、確認しましょう。会館がむずかしい場合は、ビジネスホテルなどを予約します。

親族の分の宿泊費、交通費まで支払うかについてはさまざまな考え方がありますが、親族が支払ってくれた場合は、あとでていねいなお礼状を送ったり、香典返しを少し多めにしたりなどして、感謝の気持ちをあらわしましょう。

重要！

親族の人数が多いときは、身近な人に親族対応をお願いする。遠方から来る親族には、宿泊場所を確保。

●親族覚書リスト

葬儀に参列する親族の交通手段や宿泊先、予約状況など忘れないようにリストにメモを残しましょう。

親族の名前	喪主との関係	交通手段 だいたいの交通費	宿泊先 宿泊料金	宿泊先の予約	喪服レンタル	香典額	供花 供物
例） 田中花子	伯母	新幹線 往復2万2000円	○○ホテル 7000円	要（○） 不要	要 不要（○）	5万円	1基1万5000円 1万5000円
				要 不要	要 不要		
				要 不要	要 不要		
				要 不要	要 不要		
				要 不要	要 不要		
				要 不要	要 不要		
				要 不要	要 不要		
				要 不要	要 不要		
				要 不要	要 不要		
				要 不要	要 不要		

喪主が知っておきたいQ&A

Q 葬儀社に頼むのは、経済的に厳しい状況です。葬儀社なしで、葬儀を執り行うことはできますか？

A 現実的にはむずかしい。

　できなくはありませんが、現実的にはむずかしいでしょう。たとえば、火葬するためには、ひつぎ、骨つぼなどが最低必要ですが、一般人には購入ルートが開かれていません。また、火葬許可証の手配、遺体を運ぶ霊柩車の手配など、わからないことが多く、精神的にもたいへんな時期に、よけいな負担になってしまいます。

　経済的に厳しい場合は、インターネットで「直葬」と検索すると、5万円台からのプランもあります。事前相談で最低料金を見積もり、最もリーズナブルにあげられる葬儀社に頼むほうがいいでしょう。

Q 亡くなるとすぐに本人の銀行口座が凍結されると聞くけど、ほんとう？

A 亡くなる前に、葬儀代の移動を。

　正確には、金融機関が故人の死を知った時点で凍結されます。ただ、それがいつになるのかは予想がつかないので、亡くなったら口座に手をつけられないと思ったほうがいいでしょう。

　口座のお金は、亡くなった時点で「相続財産」となるので、勝手におろすことは、のちのトラブルの原因にもなります。

「葬儀費用に」と、本人が貯金していて、そのお金で葬儀を行う場合は、できれば亡くなる前に、喪主か施主の口座にお金を移動しておくという方法もあります。

　また、夫婦2人暮らしの場合は、どちらが先に亡くなっても困らないよう、葬儀費用としてそれぞれ200万円くらいはお互いの口座に入れておくと安心です。

Q 親族から供花や供物代の集金をしづらいのですが。

A 親族のなかで助っ人に頼む。

親族で出す供花や供物は、喪主がとりまとめることが多いようです。喪主に支払うのを忘れている親族への集金は、忙しい喪主が対応するより、家族や親族の誰かにお願いしてしまいましょう。

そのほか、通夜に参列する人数、告別式・火葬場まで同行する人数、通夜ぶるまいや精進落としなどの食事をともにする人数確認をお願いしてしまうと、喪主の負担はだいぶ軽くなります。また、通夜・告別式当日の受付役も信頼できる親族にお願いしましょう。ひとりですべてを背負い込まず、周囲の助けを借りることが大切です。

Q 弔辞を誰にお願いすればいい？

A 故人を懐かしんでくれる人に。

弔辞をお願いする場合、故人のことをよく知っていて、故人を懐かしんでくれる人に頼みましょう。仕事関係の場合、地位が高い人に頼むというよりも、故人と仲のよかった同僚などにお願いするほうが自然です。

親族でもＯＫ。たとえば祖父母の葬儀であれば、弔辞ではなく「感謝の言葉」「お別れの言葉」という形で、孫が読むと感動を誘います。

ただし、式が長引かないように、１人３分以内で、２～３人までにとどめましょう。

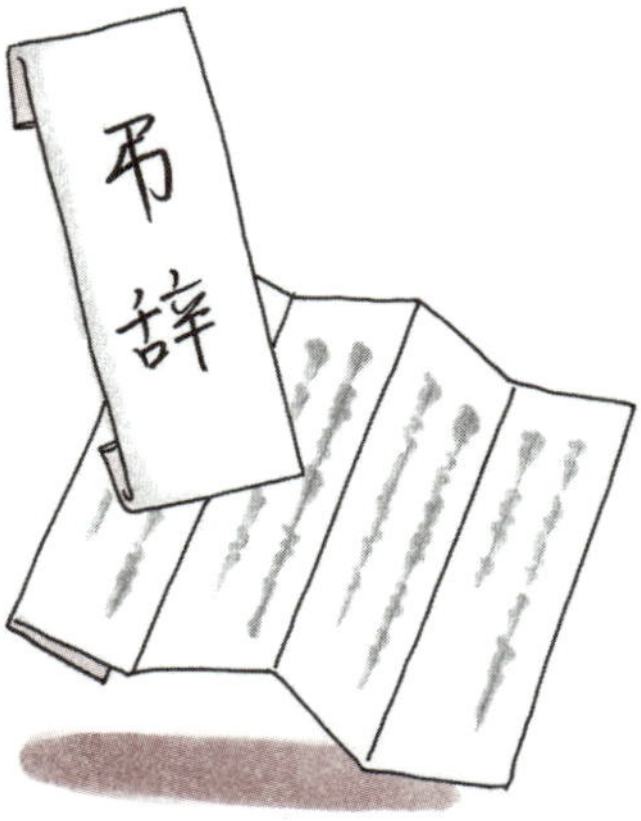

From 柴田典子

故人からの最後のプレゼント

いまの時代は、親族だけでシンプルに行う「家族葬」が、葬儀の主流になりつつあります。会葬者に気づかいすることなく、家族のペースで故人とお別れできるという点が人気なのでしょう。

しかし、葬儀アンケートで「誰の葬儀に参列したいか?」という質問では、「身近な家族」の次に「親戚」を抜いて「友人」という希望が出ています。家族葬がふえたため、「友人の葬儀に出られなかった」「とても寂しかった」という感想も見られます。たしかに家族葬はシンプルで手軽ですが、故人の関係者にできるだけ多く参列していただくことは、遺族にとって意味のあることです。

よく聞く話として、父親の葬儀に参列した会葬者との交流のなかで、学生時代に青春を謳歌していた父、部下たちから信頼が厚かった父、自然を愛した父……など、自分の知らない場所で輝いていた父親の姿を初めて知った、という人は意外に多いものです。

故人に対するいい思い出がふえるほど、大きなダメージを受けた遺族の心は癒やされ、後悔しない別れ方につながります。私は、これを「故人からの最後のプレゼント」だと思っています。この機会をのがしたら、二度と「自分の知らない故人」を知りえるチャンスはめぐってこないからです。

さまざまな情報を集めたうえで、「やってよかった」と思える葬儀を選択できるといいですね。

3章

通夜の流れとマナー

仏式通夜の一般的な流れ

通夜は、葬儀の前の晩に夜通し寝ずに起きて、故人との別れを惜しむ儀式でしたが、現在では、一般会葬者も参列するなど、葬儀・告別式と変わらないものになっています。

集合
- 約2時間前に会場に集まる
- 葬儀社と通夜前の最終確認
（確認内容は59ページ参照）
- 親族から供花・供物代の集金
- お手伝いをしてくださる人へあいさつ
- 香典と香典帳、芳名帳を受けとる人を決める
- 通夜開始の30分前に受け付け開始

僧侶到着
- あいさつ
- お布施を手渡す

通夜の会場に着席
- 遺族、親族は開式20分前に着席

開式・導師入場・読経

焼香

●喪主から順に故人と血縁の近い順で

法話・説教

●焼香後、会葬者が通夜ぶるまいの会場に流れる場合は、省略されることが多い

導師退場・閉式

●喪主のあいさつ　●通夜ぶるまいの会場へ移動

●会葬者へ弔問のお礼と、翌日の葬儀・告別式の案内を伝える

（焼香後、会葬者が通夜ぶるまいの会場に流れる場合は、省略されることが多い）

●僧侶が通夜ぶるまいを辞退したときは、お礼のあいさつと同時に、お膳料、お車料などを渡す

通夜ぶるまい

●僧侶や会葬者をもてなす　●通夜ぶるまい終了のあいさつ

身内による会食

●お手伝いをしてくださったかたに声をかけて食事をしていただく

●喪主は、葬儀社と通夜のあとの打ち合わせを行う（打ち合わせの内容は70ページ参照）

終了

通夜の意味と喪主の役割

●近親者だけで故人を囲む「通夜」

本来、通夜とは、亡くなった日の夜に、僧侶や地域の総代のような人が読経に来てくれて、家族や親戚など近親者だけで故人を囲むことをさしていました。

しかし時代の流れにより、現実的には仕事をもっている人は、昼間の告別式よりも夜の通夜のほうが参列しやすいことから、通夜も一般の人に開かれるようになりました。

そのため、近親者だけで故人を囲み、読経を行う場合を「仮通夜」、葬儀の前日に一般の会葬者を受け入れる通夜を「本通夜」と呼びます。実際は、仮通夜は省略されることが多いようです。

通夜と葬儀・告別式に対する重みは、僧侶を見るとわかります。通夜には通常の袈裟《けさ》を着ていたり、時には副住職が務めたりしますが、葬儀・告別式には必ず住職がお務めし、衣装も華やかな袈裟や帽子をかぶるなど、違いが見られます。

●喪主が忘れてはいけない3つのこと

通夜を無事に終わらせられるか、緊張と不安でいっぱいになりがちですが、た

重要！ 通夜が始まる前に、僧侶へのあいさつ、お手伝いのかたへの声かけ、香典や芳名帳の受取人を決定する。

いていのことは葬儀社の指示どおりに動けば大丈夫。ただし、次の３つは頭に入れておきましょう。喪主が忙しいときは、信頼のおける親族などにお願いを。

①僧侶へのあいさつを忘れない

僧侶が会場に到着するのは、通夜の約30分前。弔問客も到着し始めるなど、喪主にとって忙しい時間帯ですが、お務めをしてくださる僧侶へのあいさつを忘れないようにしましょう。

たとえ葬儀社が依頼した僧侶であっても、２日間お世話になるのですから、故人の思い出話などをして、式に入っていただきましょう。このタイミングでお布施を渡すのが一般的です（くわしくは60ページ）。

②お手伝いの人に声をかける

親族や友人に受付などのお手伝いをお願いした場合は、「本日はありがとうございます。よろしくお願いします」とあいさつを。通夜のあとの食事を用意している場合は、「用意しているので、終わったらお食事を召し上がっていってください」と声かけも忘れずに。

③香典や芳名帳などのを受取人を決定

必ず式が始まる前に誰が受けとるかを確認しておきましょう。「親族の者で香典をとりにきました」と喪服を着てあらわれた人に渡したところ、香典泥棒だった！　ということもないとはいえません。

会葬者に失礼がないように早めにチェック！

通夜前に必ず確認したいこと

●名前のまちがい、リストもれに注意

喪主と親族は、開式の約2時間前に集合して、通夜の最終確認と準備を行います。喪主は葬儀社の担当者と打ち合わせを行いますが、そのときに、最も気をつけたいのが、会葬礼状の確認。

喪主の名前と故人の名前が入れかわっていたり、氏名の文字が違っていたりすることがあるので、真っ先に確認をしてください。早めにまちがいを発見できれば、通夜が終わるまでに刷り直しができることが多いので、会葬者にきちんとした礼状を渡すことが可能です。

もう一つのポイントは、供花（くげ・きょうか）・供物《くもつ》の札に書かれている名前にまちがいがないかどうか。せっかくの心づかいで出していただいたお花なのに、名前がまちがっていては失礼にあたります。ときどき、供花を頼んだのに、斎場に出されないといったリストもれもあるので、葬儀社の供花リストを見せてもらい、しっかり確認をしましょう。

供花の並び順は、祭壇に近いほうから血縁の深い順となっています。子ども、

重要！

会葬礼状と供花・供物の札の名前の確認は最初に。ここで気づけば、通夜のときまでに間に合う。

親族、故人の会社関係、喪主の会社関係……が一般的な並びです。

●親戚が集合している間に確認を

通夜が始まるまでの間、親族でコミュニケーションをとるのが得意な人にお願いをして、親族分の供花・供物代を集金してもらいましょう。

集金したお金を葬儀社に支払い、必要であれば、それぞれの領収書をもらうことができます。

また、親族が一堂に会している間に、翌日の火葬、初七日の出席を確認してまとめておいてもらうと、そのあとが楽になります。

通夜前の葬儀社との確認リスト

通夜の前に下記について葬儀社と確認しておくと抜けがなく安心です。

□礼状の確認（誤字、脱字、住所、故人名、喪主名にまちがいはないか）

□供花・供物の札に書かれている氏名の確認

□供花・供物のリストもれと順番の確認

□通夜の親族数と席数

□会葬者が予定より多い場合の、会食（通夜ぶるまい）追加の確認方法について

□通夜ぶるまいのあと、遺族や親戚などの会食者数

□僧侶など宗教者の会食同席の有無

□香典や芳名帳の受取人の確認

お布施はいくら包む？　いつ渡す？

●お布施の金額で迷ったら相談を

お布施に含まれるものは、枕経（お寺や地域によって別途支払う場合もある）、通夜と葬儀・告別式のときの読経、火葬場の炉の前や霊安室での読経、還骨回向《かんこつえこう》・初七日の読経、戒名です。僧侶はこれらによって故人に供養を尽くすかわりに、遺族は自分たちの持っているものでお返しするのが、本来のお布施です。

そのような考え方から、お布施に定価はありませんが、一般的には戒名の文字によって、30万、50万、80万、１００万円……と変わるといわれています。

お布施の額がわからないときは、直接お寺や葬儀社に相談をしてみましょう。

菩提寺がない場合、インターネットで僧侶を派遣してくれるサービスもあります。お布施料金が明確なので、安心して依頼することができます。

●通夜の開式前に僧侶に手渡す

お布施は、すべての式が終わった後日、直接お寺に出向いて渡すこともありますが、忙しい現代では、通夜の開式前に先に僧侶に渡すスタイルがふえています。

重要！

お布施は喪主から直接僧侶に手渡すこと。お布施額は、葬儀社や僧侶に相談を。お膳料やお車料も忘れずに。

葬儀社がお布施を預かって僧侶に渡すこともありますが、現金ですので、直接、喪主から僧侶に渡してください。

　お布施とは別に、僧侶の食事代や交通費も必要です。通夜ぶるまいと翌日の精進落としの会食膳を合わせて「お膳料」といいますが、僧侶には前もって一緒にお食事をされるかを聞いておきましょう。帰られる場合は、「お膳料」として、１食５０００円程度をお包みします。

　斎場までの交通費を「お車料」といい、こちらも通夜、葬儀・告別式と２日間必要。お車料の相場は、１日で５０００〜１万５０００円です。他県から電車などで来てくれる場合は、それに見合った交通費を包みましょう。宿泊されるなら、宿泊代もお包みするのが礼儀です。

　お布施の袋の表、裏に金額、住所などすべて書き入れたら、１枚に広げ、コピーをとっておくこと。相続税が発生する場合、お布施は控除対象になるので、領収書がわりになる場合があります。

表書き

お布施

　神仏の恩恵に対するお礼の意味で「冥《みょう》加《が》金《きん》」ともいいますが、一般的には「御布施」と書きます。30万～100万円が目安。

お膳料

　通夜ぶるまい、精進落としを辞退したとき。１食5000円程度が目安。

お車料

　5000～１万5000円×2（通夜、葬儀・告別式の２日分）。遠方から来てくれる場合は宿泊費も。喪主の車で送り迎えをした場合も渡すのが一般的です。

※金額は地域の風習にもよるので、あくまで目安にしてください。

喪主が知っておきたい通夜の進行

●早めに着席をして開式を待つ

開式30分前になると、会葬者が見え始めるので、遺族、親族はおそくとも開式20分くらい前には着席します。

着席順は席次にもよりますが、基本的には、故人と血のつながりの濃い順から。迷ったときは、式場担当者の指示に従ってください。

会葬者が記帳後着席をして、時間になると通夜の開始です。葬儀社の担当者が僧侶を式場まで案内し、導師（僧侶は葬儀時、導師と呼ばれる）入場となります。

通夜はまず、30分ほどの導師の読経で始まります。その間、遺族や親族、会葬者は頭を垂れて静かに聞きます。

遺族や親族のなかに幼い子どもがいる場合は、騒いだり泣いたりしたときに会場の外にすぐ出られるように、扉近くの席や通路のある端の席に座るなどの配慮を心がけましょう。

●焼香は喪主から順に

読経中に焼香に入ります。ただし、弔問客が多い場合は、読経開始と同時に焼香をする場合もあります。焼香の順番は、

通夜・告別式時の席次の例

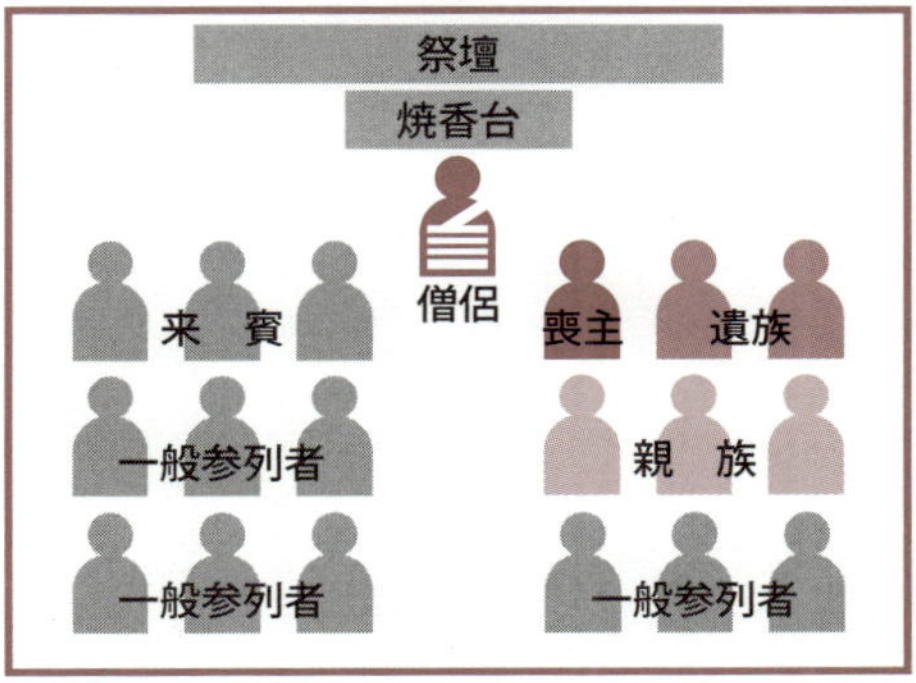

パターン1

全員が祭壇に向かうパターン。祭壇に向かって、右側に喪主、遺族、親族などが着席し、あとは一般の参列者が来た順に着席となります。

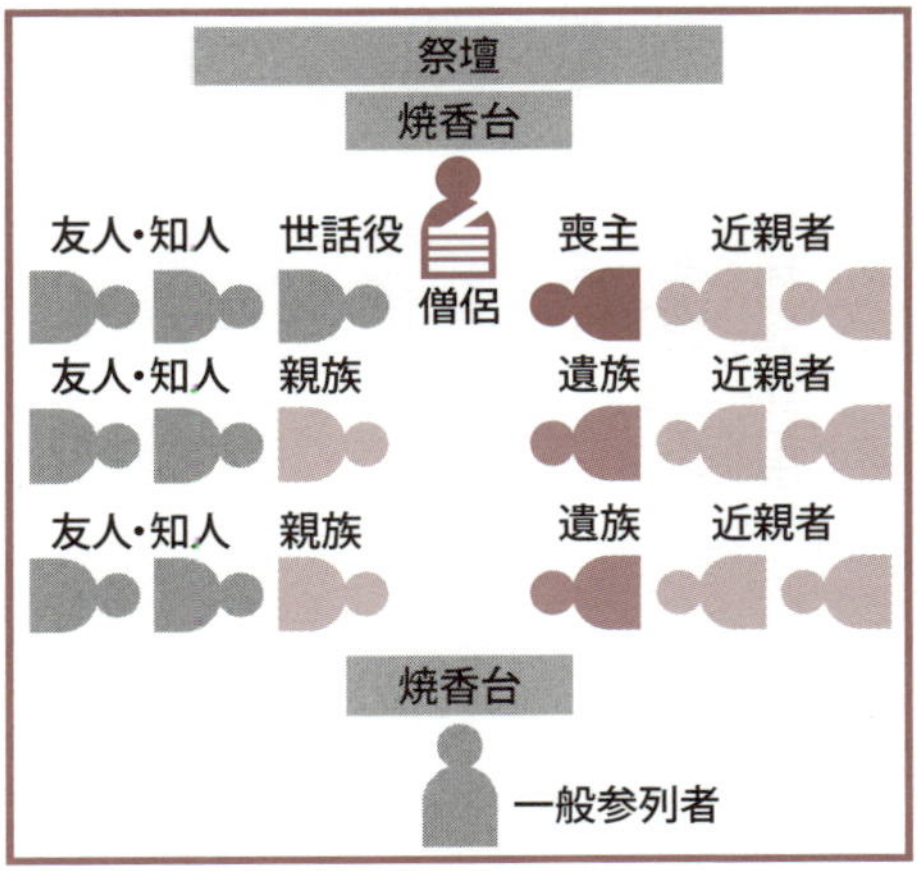

パターン2

焼香台が２つあるパターン。前の焼香台は、喪主、遺族と親族、知人・友人などが座って向かい合い、後ろの焼香台は一般の参列者が使用。喪主は祭壇に最も近い位置に座るのが一般的ですが、最近では参列者に感謝をあらわすという意味で、参列者に最も近い席を喪主席とする場合も。

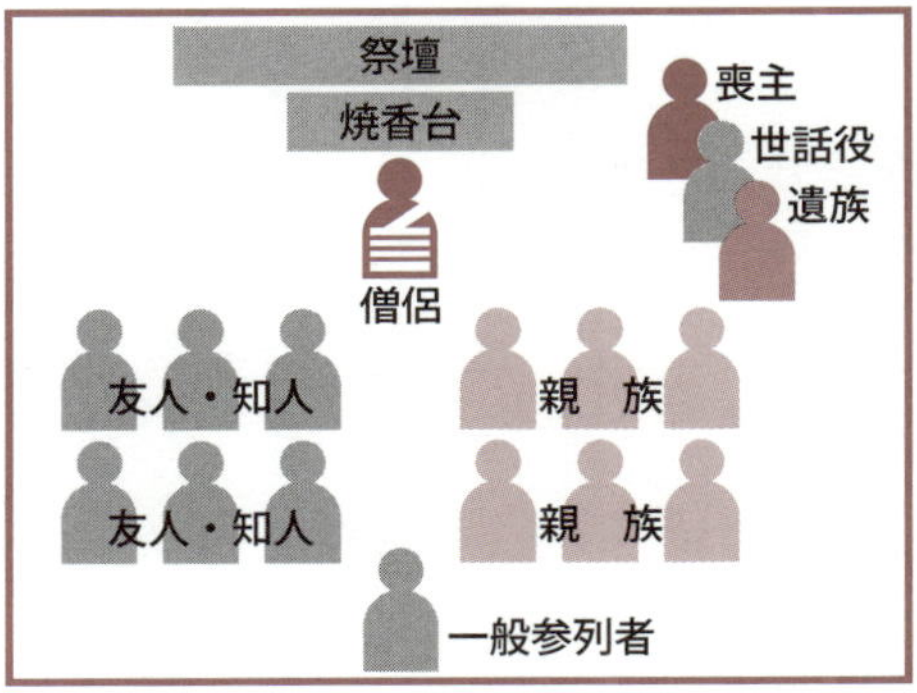

パターン3

親族焼香までは１のパターン同様に座り、一般焼香が始まる前に、この図のように焼香台の脇に喪主、遺族が立って並び、焼香を終えたかたに立礼します。

喪主から始め、故人と血縁の近い順となります。基本的には、席次の順番が焼香の順番と考えていいでしょう。そのあと、担当者の指示に従って、会葬者が順次、焼香となります。

焼香は、香料を粉末状にした「抹香」を使用する場合と、「線香」をあげる場合がありますが、一般的には抹香を使用することのほうが多いようです。65ページに立礼焼香の作法を紹介しましたので、参考にしてください。

喪主は焼香を終えたら、自分の席につきます。地域によっては、喪主は自分の席に戻らず、会葬者が焼香を終えて歩いてくる途中に別の席を設け、会葬者一人ひとりに立礼をする場合もあります。

●会葬者は通夜ぶるまいの会場へ

通夜ぶるまいがある地域では、会葬者は焼香が終わると、式場担当者の誘導で、会食室へ移動し、通夜ぶるまいを受けて帰ります。そのため、最後まで通夜の会場に残るのは、遺族、親族、導師だけに。

通夜ぶるまいがない地域では、焼香が終わると、一度自分の席に戻ります。僧侶によっては、法話や説教があることも。その間も、静かに聞き入りましょう。

法話が終わると導師が退席します。通夜ぶるまいがなく、会葬者が式場に残っている場合、喪主は参列者に対し、弔問していただいたことへのお礼、故人に対

重要！ 席次の作り方はいろいろ。
喪主から順に焼香し、読経と法話に耳を傾ける。
僧侶が帰る際は、あいさつを忘れずに。

する厚情への感謝、翌日の葬儀の案内などを手短に述べます。

こうして簡単なあいさつをしたあと、閉式に。閉式後、僧侶も一緒に食事をされる場合は、控室などを用意しておくと喜ばれます。席に案内したあと、喪主からあらためてきょうのお礼を伝えてください。

僧侶が通夜ぶるまいを辞退するときは、お礼のあいさつとともに、明日の葬儀・告別式も引きつづきお願いすることを伝え、「お膳料」や「お車料」とともに、会葬礼状と返礼品などを渡して見送りましょう。

立礼焼香の作法

焼香台の前で遺影を見つめて一礼。

↓

祭壇に向かって合掌。

↓

右手の親指、人さし指、中指で抹香をつまみ、目の高さくらいまでかかげる（浄土真宗は高くかかげず、つまんだ抹香をそのまま香炉へ）。

↓

抹香を静かに香炉に入れる。回数は宗派によって異なる。

↓

再び遺影に合掌、一礼。

↓

向きを変えず、そのまま２～３歩下がり、席に戻る。

通夜ぶるまいで感謝を伝える

●大皿のオードブル料理などを用意

自宅葬がほとんどだった時代は、通夜ぶるまいというと、路上にテントを張って料理をふるまっていました。自宅に大勢の人が入りきれないので路上にテントを張るのです。いまでも行っている地域もあります。そして、弔問客へのお礼や、故人を弔うために力を尽くしてくれた人たちへのお礼に、近所の人が料理とお酒をふるまい、故人の思い出話をしながら、心と体を温めたものでした。

現在、式場で行う通夜ぶるまいは、その名残で、葬儀社が手配してくれます。弔問客も何人来るか当日までわからないことと、全員が食べていくわけでもないので、個別のお弁当ではなく、大皿のオードブル料理などが用意されます（どれくらい用意するかは40ページ参照）。

通夜ぶるまいは1時間程度で三々五々の解散となります。弔問客のなかには、久しぶりに会う親しい友人などもいるかもしれません。お互い別れを惜しむような場合は、声をかけて、そのあとの会食に誘ってもかまいません。

重要！ 通夜ぶるまいで弔問客にふるまったあとは、頃合いを見て、喪主からのあいさつを。身内の食事は、弔問客が帰ったあとで。

●身内だけで会食へ

弔問客が帰ったあとは、遺族や親族など身内だけで会食となります。

通夜の閉式後、受付が閉鎖されるので、事前に頼んでいた人に、香典と香典帳、芳名帳の受けとりをお願いし、そのついでに、受付担当など、お手伝いをしてくださったかたたちも会食に誘いましょう。

僧侶も同じ部屋で会食するときは、遺族や親族の人が僧侶に声をかけながら、なごやかな時間を過ごすように心がけましょう。

キリスト教式と神式の通夜ぶるまい

通夜ぶるまいにあたるものとして、キリスト教式は「茶話会」、神式は「直会《なおらい》」があります。

キリスト教式の茶話会では、司祭とともに身内だけで軽食を囲みながら、故人をしのびます。紅茶やコーヒーなどと菓子程度で、食事やアルコールは出ません。

神式の直会では、仏式の通夜ぶるまいと同様、食事やアルコールが出されます。ただし、喪家が火を使うことは「忌み火」といわれタブーとされているので、仕出し料理や、すしの出前を利用します。

通夜のあとの打ち合わせでの決め事

●親族がそろっているこの場で決める

遺族や親族だけで会食をしている間、喪主は葬儀社の担当者と翌日の葬儀・告別式の打ち合わせをします。

親戚一同が集まっている会食中は、決め事をするのにうってつけ。あとから電話やメールで聞くのはたいへんなので、この場で全部確認しておきましょう。確認事項は、70ページにリストにしましたが、なかでも大切なのは人数確認。

火葬場に同行する人数と、精進落としまで参加できる人数は、予定が変わっていることもあるので、この場で最終確認をしましょう。

●親族のなかで役割分担をする

もう一つは、役割の分担です。火葬場までの間、位牌《いはい》は喪主が持ちますが、遺影、花束を持つ人を決めておきましょう。また、出棺前、霊柩車《れいきゅうしゃ》にひつぎをのせるときに手添えしてくれる人（主に男性）、マイクロバスだけでは席が足りないときに、火葬場までの移動車両を出してくれる人とその車両に乗っていく人、精進落としのときに献杯をお願いするかたな

重要！

通夜のあとの打ち合わせでは、翌日の葬儀・告別式を滞りなくすませるための決め事を事前にリストアップ。

ど、役割分担をしておくことで、段取りよく行うことができます。

●こまかいお願い事まで伝える

葬儀へのこまかなお願い事もこのときに伝えておきましょう。たとえば、故人の趣味などを飾るメモリアルコーナーをつくった場合、出棺前にそこに飾ってある作品の一つをひつぎの中に入れたいなら、そのことを伝えておきましょう。

また、故人の容貌が変わり果ててしまっていて弔問客に見てほしくないなら、弔問客によるひつぎへの花入れを断ることなども伝えます。

ひつぎの中に供花を入れたけれど余ってしまった場合は、親族の人数分くらい花束を作って帰りに持ち帰ってもらえるようにし、缶詰や果物、菓子などの供物も返礼品と一緒に持ち帰ってもらうためにまとめてもらいましょう。

また、通夜の弔問客の人数によって、葬儀・告別式の日に渡す返礼品や会葬礼状を追加するかどうかなども決めます。

そして、この時点で、葬儀社に届いている弔電を受けとり、翌日までに、読み上げる順番に弔電を並べ、弔電をいただいたかたの名前にふりがなをつけておくことも忘れずに。

これらは葬儀社がチェックすることですが、70ページの「通夜後の打ち合わせチェックリスト」で確認しましょう。

通夜後の打ち合わせチェックリスト

次の項目を、葬儀社の担当者と打ち合わせしておきましょう。
翌日がかなり楽になります。

□通夜で出た返礼品数と、追加の確認
□返礼品、会葬礼状の追加（地域によって異なる）
□弔辞や感謝の言葉などを頼んでいる場合、読む人の名前の確認
□弔電を葬儀社からもらい、読む順番決めと、弔電をくださったかたの名前にふりがなをつける。また、弔電は全文を読むか、芳名のみを読むかを決めておく
□出棺前のあいさつを行う人の確認（たいていは喪主。喪主でない場合は、氏名と続柄を伝えておく）
□ひつぎに入れたい品があれば伝える（メモリアルコーナーの品など）
□会葬者にも出棺前の花入れをしてもらうかどうか確認
□火葬場へ向かう際の、位牌・写真・花束を持つ人を決めておく
□出棺時、霊柩車にひつぎをのせる手添え人を決めておく
□火葬場へ同行する人数の確認
□火葬場へ移動する際の車両の台数と、乗る人の確認（霊柩車に喪主、タクシーに僧侶と遺影・花束を持つ遺族や親族が同乗、マイクロバスにそのほかの遺族と親戚、マイクロバスだけでは足りない場合、自家用車を出す人とその車に乗る人など）
□精進落としの人数（お手伝いをしてくださったかたの食事はどうするかも確認）
□精進落としのときの遺族代表あいさつをする人は誰か？（たいてい喪主、喪主でない場合は氏名と続柄を伝えておく）
□精進落としのときの献杯の有無（献杯する場合は、そのかたの氏名と続柄を伝えておく）
□供花が余ったときの対応（花束にするなら何束くらいか、自宅に持ち帰るかなど。伝えておけば、火葬場に行っている間に葬儀社のほうで作っておいてくれる）
□供物はどうするか（僧侶・親族などに分けられるよう小分けにしてもらうか、自宅に持ち帰るかなど。伝えておけば火葬場に行っている間に葬儀社のほうで作っておいてくれる）
□自宅へ届けてもらう返礼品の数はいくつくらい必要か？（自宅へ弔問に来る人用）

4章

葬儀・告別式と出棺から初七日まで

仏式葬儀・告別式の一般的な流れ

愛する身内を失い、言いようのない悲しみのなか、葬儀・告別式から、出棺、火葬、初七日法要、精進落としまで、あっという間に時間が流れていきます。葬儀社の案内があるので心配はいりませんが、大まかな流れを知っておくと、次に何をすればいいのかがわかるので安心できます。

集合

- 約1時間前に会場に集まる
- 葬儀社と葬儀・告別式前の打ち合わせ（確認内容は77ページ参照）
- 火葬場に自家用車を出してくれる親族に駐車場所の確認（77ページ参照）
- 手伝いをしてくださる人へあいさつ
- 香典と香典帳、芳名帳の受取人を確認
- 葬儀開始の約1時間前に受け付け開始

僧侶到着

- 僧侶へのあいさつ

葬儀会場に着席

- 遺族、親族は開式15分前に着席

出棺

- ひつぎを霊柩車《れいきゅうしゃ》にのせる
- 出棺前の喪主のあいさつ

火葬場へ

- 喪主は位牌《いはい》を持って霊柩車に同乗し、火葬場へ移動
- 火葬前の僧侶による短い読経
- 火葬を待つ間、控室で待機（茶菓子や飲料の用意）

開式・導師入場・読経

弔辞拝受・弔電紹介

導師による読経

- 省略することもある

焼香

- 喪主から順に故人と血縁の近い順で（指名焼香がある場合は、指名順で）

導師退場・閉式

別れ花の儀式（最後の対面）

くぎ打ちの儀

還骨回向・初七日法要

- 初七日法要の祭壇に遺骨・位牌・遺影を安置
- 僧侶による読経・焼香

精進落とし

- 喪主からお礼のあいさつ
- 遺族は末席に座り僧侶や親族たちをもてなす

終了

- 喪主による終了のあいさつ
- 帰途につく僧侶や親族たちに引き物や供花の花束などを渡し感謝を伝える

最後の事務手続き

- 世話役から香典、芳名帳などを受けとる
- 遺骨、位牌、遺影、香典など忘れ物がないように持ち帰り、あとの大きな荷物は葬儀社に自宅まで届けてもらう

葬儀・告別式で変わる喪主の心境

●「葬儀」と「告別式」は別もの

葬儀と告別式は、別のものです。

葬儀とは、故人の霊魂を鎮め、故人に仏弟子としての戒律を与える「授戒」と、極楽浄土へと導く「引導」などをメインとした、儀礼的なもののこと。

一方、告別式とは「故人に別れを告げる式」で、故人の友人や知人が最後のお別れをしに参列するものです。

このように、本来、葬儀と告別式は別のものなので、正式には、葬儀が終わるといったん僧侶が退席し、少し休憩をはさんだあと、再度入場して告別式を行うという二部構成になります。

しかし、現在、最もポピュラーなのは、葬儀と告別式を簡略化し、一つの式にしたもの。厳密にいうと、僧侶の読経が始まり、遺族、親族が焼香をするまでが葬儀、そのあと一般会葬者の焼香からが告別式ということになります。

●通夜という山を越えて心に余裕が

通夜が終わると、喪主の心境が変わります。それまでは、はじめての喪主で緊張と不安でいっぱいでしたが、通夜を無

重要！ 葬儀とは儀式を執り行う場、告別式とは故人に別れを告げる場。それぞれに意味が異なることを理解する。

事に終えることができると、ほっとするからです。いままで冗談一つ言わなかった喪主も、一つ山を越えたことで、はじめて笑顔を見せるようになり、雰囲気がやわらいだりするものです。

葬儀・告別式の日は、通夜で経験したことと同じようなことをすればいいので、一つ先が見えた感じになります。

この日は、通夜で体験したことに加え、故人が火葬されることもあり、故人との最後の対面となります。

故人と別れる悲しさがこみあげる場面も多々ありますが、最後まで気を抜かず、しっかりと務めあげましょう。

合掌・礼拝は誰に向かってするもの？

通夜、葬儀・告別式の際に、合掌をして礼拝《らいはい》（頭を下げる）をする行為が何度もありますが、これは故人に向けて行っているわけではありません。仏様に向けて行うものです。祭壇に向かって焼香し合掌・礼拝するのも、仏様に対して故人の導きと冥福をお願いするためです。

また、宗派によって読むお経が違うのは、各宗派で信仰している仏様が違ったり、お寺によって信仰する仏様が異なったりするから。

つまり、信仰する仏様にお願いするためのお経なのです。

ふだん、仏教に触れていない人でも、この機会に儀式の意味を考えることができるかもしれません。

開式前に行う最終打ち合わせ

●1時間前に式場へ

葬儀・告別式の日は、遺族、親族、お手伝いをしてくださるかたたちに、開式1時間前に集まってもらいます。

受付をお願いしているかたには、前日同様、「きょうもよろしくお願いします」とあいさつをして、すぐに受け付けを開始します。

そのあと、喪主は葬儀社と「葬儀・告別式の朝の打ち合わせ」を行います（打ち合わせ事項は左のチェックリストを参照）。

通夜のあとに行った打ち合わせから変更が出たらすぐに伝えます。また、前夜のうちにふりがなをふり、読んでもらう順に並べた弔電も、葬儀社に渡します。

●火葬場に自家用車が出る場合

親戚などから火葬場に自家用車を出してもらうときは、葬儀社の担当者に確認し、すぐ出発できるように、開式前に玄関前などにとめておくのがベスト。火葬場への出発順は、霊柩車《れいきゅうしゃ》、ハイヤー（もしくはタクシー）、自家用車、マイクロバスの順。自家用車が迷子にならないように前後ではさみます。このことも、運転手には伝えておくとよいでしょう。

●マイクロバスに乗る人の確認

火葬場に行くマイクロバスに乗車する人は、通夜のあとの打ち合わせで決めていますが、葬儀社によってはスタッフにその連絡がうまくいかず、バスの出発時に「お席があいておりますので、どなたか火葬場に行かれるかたはいらっしゃいますか」と声をかけてしまう場合もあります。

誰にでも来てほしい場合はかまわないのですが、火葬場まで来てもらうとその流れで、初七日、精進落としまでつきあわせてしまう可能性もあり、会食の人数も変わってきてしまいます。

事前に決めた人だけで火葬場に行きたい場合は、会葬者への声かけをしないでほしいと葬儀社に伝えましょう。

重要！ 葬儀・告別式の朝は、きょう一日を段取りよく進めるための最終打ち合わせを行う。

葬儀・告別式の朝の打ち合わせチェック項目

- □通夜のあとの打ち合わせから変更点があれば伝える
- □弔電を葬儀社に渡す（その際、全文を読み上げる人、名前だけ読み上げる人などの確認も）
- □火葬場へ自家用車を出してくれる運転手に、式の前に玄関前などに車を移動することと、出発順を確認する
- □マイクロバスに乗る際に、決めた人以外に声かけをするかどうかの確認
- □火葬場までの車両（霊柩車、ハイヤー、マイクロバス）の運転手と、火葬場の心づけを葬儀社に預ける（葬儀社から渡してもらうのが一般的。ただし、最近は心づけを受けとらないことが多いので、葬儀社と相談を）

葬儀・告別式の一般的な進行

●進行は時間どおりに

葬儀社との打ち合わせが終わり、開式の30分ほど前になると、僧侶が到着します。僧侶を迎えたら、通夜同様、喪主（もしくは遺族の誰か）は「本日もよろしくお願いいいたします」とあいさつをしましょう。開式15分前になったら、遺族、親族は着席をして待ちます。

葬儀・告別式で大切なのは、時間どおりに進行するということです。

なぜなら、火葬場を使用する時間が決まっているので、それまでには到着する必要があるからです。進行に関しては葬儀社も気をつかいますが、喪主、遺族も同じ気持ちで式に臨みましょう。

●弔電の紹介は省略してもOK

会葬者が着席をして時間になると、導師入場とともに開式になります。そのあと、すぐに導師の読経が始まります。

この章の冒頭でも説明したように、葬儀とは、故人を供養する儀式のことですので、宗派によって儀式の意味が異なることから、式次第も違ってきます。

読経が終わると、弔辞拝受、弔電紹介

重要！ 火葬場の時間に遅れないよう告別式は、時間どおりの進行を心がける。

に入ります。一般的に、弔辞を読むのは、有名人や社会的地位がある人の葬儀の場合なので、なくてもかまいません。また弔電は、時間の都合によっては、省略しても失礼にはあたりません。

●指名焼香がある場合も

そのあと、再び導師による読経が始まり、焼香へと移ります。通夜と同様、喪主から血縁の濃い順に焼香を行いますが、地域によっては、「指名焼香」といって、1人ずつ人物を指名して焼香することもあります。指名焼香になるのは、喪主、遺族、親族、町内会会長など地域の関係者、故人と近かった関係者など。

遺族や親族は名前だけが読み上げられますが、会社関係の場合は、会社名、肩書、名前まで読み上げられます。そのあと、会葬者が順に焼香をします。

出棺まで見送る会葬者は、焼香後席に戻りますが、出棺まで見送れない会葬者は、焼香を終えたら帰ることもあります。

会葬者の焼香がすべて終わると、導師が退席となります。そのあと、遺族、親族、会葬者による「別れ花」（80ページ参照）の儀式が行われ、喪主のあいさつとなります。

大規模な葬儀や火葬がすんでいる場合、会葬者による花入れを行わない場合は、導師退席後に、喪主のあいさつがあり、閉式となります。

「別れ花」と「くぎ打ちの儀」で出棺へ

●別れ花で故人と最後の対面

一般的には、葬儀・告別式が閉式となったあと、遺族、親族、会葬者の順でひつぎの中へ生花を1輪ずつ入れる「別れ花」という儀式が行われます。使用する生花は、供花であることが多いようです。

葬儀社が祭壇に飾ってある供花をお盆の上にのせてくれるので、そこから1本ずつとってひつぎの中に入れ、故人の周りを花で囲み、最後のお別れをします。

ひつぎに一緒に入れてあげたいものがあれば、このときに入れましょう。遺族は、故人が「あの世で困らないように」という思いから、眼鏡や入れ歯なども入れたくなりますが、燃やすことができないものは入れられません。

もし、どうしても入れたいときは、火葬後、骨つぼの中におさめることができる場合もあるので、葬儀社に相談してみましょう。結婚指輪やアクセサリー類も同様です。

●くぎ打ちの儀でひつぎを閉じる

ひつぎの中の故人を生花で囲み、愛用品を入れたら、ひつぎの蓋を閉じます。

重要！ 別れ花とくぎ打ちの儀のあと、出棺となる。出棺前に、遺族代表として喪主があいさつをする。

宗派、地域によっては、「くぎ打ちの儀」といって、故人と血縁の深い順に、石で1人2回ずつ、ひつぎにくぎを打つまねをする儀式を行うことがあります。

石を使う由来にはさまざまな説がありますが、石を「三途《さんず》の川の河原の石」とみなし、故人が無事冥土に着くようにと願いをこめる意味があるともいわれています。

くぎ打ちの儀などの儀式は、宗派や地域、火葬場のある自治体などでいろいろと違うようです。たとえば、東京都内では火葬炉におさめる前に、もう一度、故人と最後の対面ができるようにと、くぎ打ちをしないことがほとんどです。

●会葬者の前に整列

ひつぎの蓋が閉められると、出棺前の「遺族代表（喪主）のあいさつ」（134ページ参照）となります。進行によって、ひつぎを霊柩車にのせたあとになることもあります。

あいさつをするときは、喪主が位牌《いはい》を、ほかの遺族が遺影、花束を持ち、親族は会葬者の前に1列に並びます。

遺族代表のあいさつはほとんどの場合、喪主が行いますが、伯父など親族代表の人が行ったりすることもあります。また、葬儀委員長を立てる場合は、葬儀委員長が遺族や親族にかわり、あいさつをします。

火葬場へ向かうまでの段取り

●ひつぎを霊柩車にのせる

遺族代表（喪主）のあいさつを終えたら、いよいよ出棺です。ひつぎを式場から玄関前にとめてある霊柩車にのせるため、親族や故人と縁の深かった男性参列者を中心に6人か8人くらいで運び出します。このとき、ひつぎを足のほうからのせるか、頭のほうからのせるかは、火葬場のつくりによって異なります。

親族が高齢の場合は、力のある若い参列者に運んでもらいましょう。ひつぎを運ぶ人については、通夜のあとの打ち合わせで決めておくとスムーズです。

ひつぎを霊柩車まで運ぶときは、位牌を持った喪主を先頭に、つづいて遺影を持った遺族、そしてひつぎの順になります。

●火葬場への移動

ひつぎを霊柩車にのせたら、火葬場へと移動します。一般には、霊柩車には位牌を持った喪主が、つづいてハイヤーかタクシーに僧侶と遺影を持った遺族が、その次に親族や関係者などがマイクロバスに同乗します。地域によっては、霊柩

重要！ ひつぎを霊柩車にのせて火葬場へ。誰がどの車に乗るか事前に決めておくとスムーズ。

車には葬儀社の人が乗り、ハイヤーには僧侶と喪主、遺族などが乗る場合もあります。

マイクロバスの定員以上の人が火葬場に同行するときは、親族などに自家用車を出してもらいます（これらはすべて事前打ち合わせで決めておくことです）。

自家用車を出すときは、道に迷わないように、ハイヤー（タクシー）とマイクロバスの間に入ります。

●死体火葬許可証を忘れずに

火葬場へは、必ず「死体火葬許可証」を持っていきます。死体火葬許可証は死亡届を役所に届けたときに受けとっているもの。葬儀社が持参するはずですが、これがないと火葬ができないので、念のために確認しましょう。そのほか、左の持ち物リストでチェックしてください。

火葬場への持ち物リスト

- □死体火葬許可証
- □位牌
- □遺影
- □骨つぼ
- □（必要であれば）霊柩車、ハイヤー（タクシー）、マイクロバスの運転手への心づけ
- □茶菓や飲料（火葬場の売店で購入しないとき）
- □貴重品、数珠など

火葬場での流れとマナー

●仮祭壇の前で読経と焼香を

自宅で葬儀を行う場合は、遺族や親族たちが火葬場に向かっている間、祭壇の片づけや遺骨を迎える準備などのため、お手伝いのかたに自宅に残ってもらうようにお願いをします。しかし、葬儀社で行う会館葬の場合、その必要はありません。葬儀社のスタッフが、初七日法要や精進落としの準備をしておいてくれます。

火葬場に到着すると、まず、霊柩車からひつぎがおろされます。そのあと、告別室、または炉の前などにひつぎが置かれます。

仮祭壇があるので、そこに、位牌と遺影を置いて、僧侶による短い読経のあと、遺族、親族による焼香を行います。

ひつぎの窓から故人と最後のお別れをしたあと、全員で合掌して、故人が炉に入るのを見送ります。

●控室では茶菓子と飲料を

その間、控室で2時間くらい、菓子をつまんだり飲み物を飲んだりして待ちます。茶菓子や飲み物は遺族のほうで用意しますが、場所によっては、火葬場の売店で購入できるところもあるので、確認してておきましょう。葬儀社が手配してくれる場合もあります。

控室では、特に何もすることがありません。遺族、親族が集まっているこの時間を使って、このあとの精進落としに参加する人数に変更はないか再度確認をとって、最終決定としましょう。

もし、この時点で変更があれば、まだ間に合う可能性はあります。

●僧侶には手厚く接待を

控室での過ごし方として心がけておきたいのは、僧侶の接待をすること。遺族や親族から積極的にコミュニケーションをとってあげるようにしないと、僧侶はひとりポツンとしてしまいます。

故人の思い出話や、これからのことなど、世間話をしながら、僧侶との関係を深めるいい機会にしてください。

心づけは慣習にならって

霊柩車、ハイヤー（タクシー）、マイクロバスの運転手に心づけを渡すかどうかは地域によって異なります。慣習がある地域は、葬儀社から「心づけを渡してください」と言われ、見積もりに含まれていることが多いようです。

火葬場に関しても、以前は心づけを渡していましたが、現在では公営の施設での心づけは撤廃しています。ただし、地域によっては、火葬場に心づけを用意してほしいと葬儀社から指示される場合もあります。

●拾骨室で骨揚げを行う

火葬が終わると館内にアナウンスが流れ、拾骨室へと移動します。遺族による遺骨の確認後、骨を骨つぼに入れる「骨揚げ」という儀式を行います。

骨揚げは、2人1組になり、喪主から順番に、長い箸を使って1片の骨を持ち上げ、骨つぼにおさめます。こまかい骨は、火葬場のスタッフが寄せ集めて、骨つぼに入れてくれます。

遺骨がおさめられると、白木の箱に入れられ、白い布で包まれます。

それと同時に、火葬場から死体埋葬許可証が渡されます。埋葬許可証は、納骨する施設に提出する書類です。この許可証がないと埋葬できなくなってしまうので、なくさないよう、箱の中に一緒に入れて渡してくれることが多いようです。

●喪主は骨つぼを持ち帰る

骨つぼは、喪主が両手で抱えて持ち帰ります。そのため、来るときに喪主が持った位牌はほかの遺族が持ちます。

骨つぼはかなり重く、しかも落としたら割れてしまうので、力の弱い人は気をつけて持つか、ほかの人に手伝ってもらいましょう。

行きは霊柩車に乗ってきた喪主も、帰りは、僧侶、遺影、花束を持っていた遺族と一緒に行きに手配したハイヤーかタクシーに乗って帰ります。

重要！ 火葬場では流れに従って行動を。骨つぼとともに埋葬許可証を持ち帰る。

急停車などで骨つぼを落としたりしないように、車の中でも必ず両手で抱えて持ち帰ってください。

骨揚げをする順番

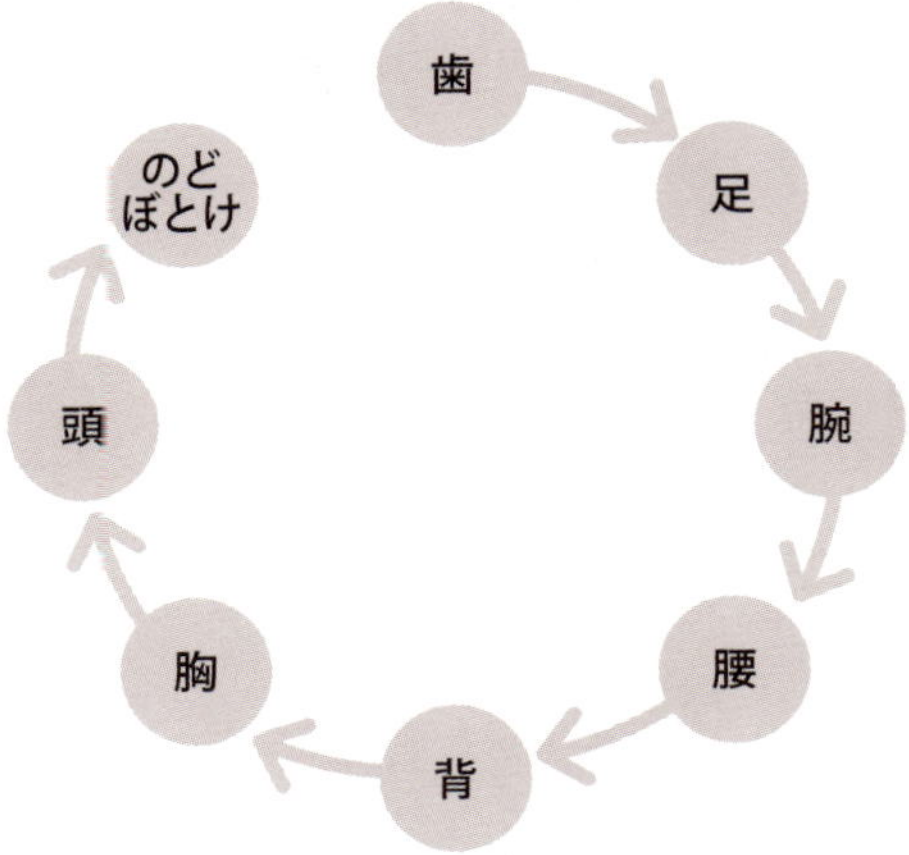

最初に歯を拾い、足の骨から始めて上半身に向かって拾っていきます。形式は、地域によって異なります。

骨揚げのとき２人で骨をはさむのはなぜ？

骨揚げのとき、２人１組になってそれぞれが箸を持ち、骨をはさんで骨つぼにおさめることを「橋渡し（箸渡し）」といいます。なぜ２人で行うかというと、故人の死を共に悲しむという意味でもあり、三途の川を渡るときに、橋をかけることができるようにという意味や、この世からあの世に橋渡しするという意味もあるようです。

還骨回向と初七日法要

●あと飾りの祭壇に遺骨を置く

火葬場から式場に戻ると、清めの儀式として、手に水をかけたり、おしぼりで手をふいたり、塩を体にかけたりして、死の穢《けが》れを清める儀式を行います（浄土真宗では清める慣習がありません）。

式場には、「あと飾りの祭壇」といって2～3段の小さな祭壇があるので、そこに骨つぼを安置します。

●初七日法要はその日のうちに

そのあと、一同は「還骨回向《かんこつえこう》」（「還骨勤行《ごんぎょう》」ともいう）と呼ばれる遺骨を迎える法要を行います。僧侶が読経をし、喪主から順に焼香をしていきます。

また最近では、還骨回向とともに、初七日法要を行うことが多くなりました。

仏教では、四十九日までの間、7日ごとに供養することで、故人が迷うことなく仏様の世界に入れるとされています。

初七日法要とは、亡くなった日を含めて7日目に行う法要で、大切な供養です。しかし、僧侶と都合が合わなかったり、遺族も仕事を休めなかったり、親族に再び集まってもらうのはたいへんなどの理

重要！

骨つぼにおさめられた遺骨はその日のうちに、還骨回向と初七日法要の供養をするのが一般的。

由から、現在では葬儀・告別式の日に、初七日法要を行うようになったのです。これを「付七日《つけなのか》」と呼びます。

●告別式のあとに初七日法要をすることも

初七日法要では、還骨回向につづき、初七日の読経をしてもらうのが一般的です。しかし、僧侶が火葬後すぐに寺に帰らなければならない場合などは、告別式のお経につづいて、初七日法要のお経をあげてもらうこともあります。

なお、最近は還骨回向が省略され、初七日法要だけが行われることがふえてきました。

あと飾りの例

仏式
香炉、供物、生花などを供えます。

キリスト教式
ろうそくや生花などを飾ります。

神式
灯明、榊《さかき》、神饌《しんせん》などを供えます（遺骨を安置しない場合）。

「精進落とし」での喪主・遺族側のふるまい

●精進落としで僧侶や親族をもてなす

初七日法要が終わると、精進落としを行います。本来、遺族は、四十九日の間、魚や肉を断った精進料理をとっていて、忌明《きあ》けと同時に普通の生活に戻るという意味から、その区切りとして、精進落としが行われたのです。

しかし、いまではその意味は薄れ、葬儀でお世話になったかたたちへのお礼と感謝をこめて、会席膳の料理でもてなす意味に変化しています。

そのため、最上席は僧侶、次いで世話役など。喪主や遺族は末席となります。

僧侶には前もって、会食のお誘いをしておきましょう。同席せず帰られる場合は、喪主からていねいにお礼のあいさつをしましょう。

当日のお車料、お膳料を渡していない場合は、このタイミングで手渡しします。そのほか、返礼品や供花の花束、供物を分けた小袋なども持ち帰ってもらいます。

●献杯の発声をお願いする場合

精進落としは、喪主からのお礼のあいさつ（148ページ参照）で始まります。

そのあと、故人をしのんで杯をささげる「献杯」をして、1時間から1時間半ほどの会食となります。

献杯の発声は、そのまま喪主が行ってもかまいませんが、来賓として故人が勤務していた会社の上司が来てくれたというような場合や、親族のなかでも年長者を立てておいたほうがいいといったようなときは、そのような人に献杯の発声をお願いするといいでしょう。

●親族との絆を大切に

悲しみに暮れる間もなく、臨終から、通夜、葬儀・告別式、火葬と、あわただしい時間を過ごしてきましたが、無事大役を務めあげた喪主は、精進落としのときにやっとほっとすることでしょう。

お酒の酔いもあって、張りつめていた気が一気に抜けてしまうかもしれません。また、久しぶりに会った親族とさまざまな情報交換をして盛り上がる場面もあるでしょう。

騒いだりするのは慎みたいものですが、これも故人が与えてくれた縁ですから、羽目をはずさない程度に、笑い合って仲よくすることはよいことです。これを機に、親族の絆が強まることも大いにあるでしょう。

もちろん、そのあと車の運転が控えている人が飲酒運転にならないように、自他共に注意しましょう。

●途中で帰る人への気づかいを

精進落としの途中で帰るかたがいるかもしれません。その場合、会話の途中であってもその場を抜けて、忙しいなか、足を運んでくれたお礼と感謝を伝えましょう。それと同時に、返礼品や供物を分けた小袋、花束などを手渡します。

「会話に夢中で帰ったことに気づかなかった」では、失礼にあたりますから気をつけましょう。

葬儀場から駅まで距離がある場合は、「タクシーを呼びましょうか」と声をかけます。必要な場合は、葬儀社に依頼をしましょう。何人かで同じ方向に帰るなら同乗をお願いするなど、帰りのアクセ

重要！

精進落としは、喪主・遺族がお世話になったかたがたをもてなす立場に。お礼と感謝をこめて対応を。

スに気配りをすることも、喪主として必要です。

●お開きのあいさつで終了

会食がスタートしてから、1時間半ほどたつと、そろそろお開きです。喪主、もしくは遺族代表が、頃合いを見て、感謝の意をあらわす簡単なあいさつ（150ページ参照）をするとともに、終了を告げましょう。

残った料理は、冬季であればパックに詰めて持ち帰ってもかまいませんが、温度湿度の高い夏季は傷みやすいので、その場で処分することをおすすめします。

解散後は、返礼品や供物、花束などを忘れずに持ち帰ってもらいましょう。

キリスト教式、神式では？

キリスト教式や神式の場合、お世話になったかたの労をねぎらうという意味で「精進落とし」にあたるものがあります。

キリスト教式では、あと飾りに遺骨と遺影を置いて賛美歌を歌い、神に祈ります。そのあと、茶菓子などでお世話になった人たちをもてなします。仏式のような食事はなく、アルコールも禁止です。

神式の場合、遺骨を持ち帰ったときは、やはりあと飾りに置いて、「帰家祭《きかさい》」を行います。無事に葬儀を終了したことを神職が守護神に報告する儀式とされ、神職の祝詞《のりと》奏上や一同による玉串奉奠《たまぐしほうてん》などを行います。

そのあと、仏式と同様、お酒や食事を用意して、お世話になったかたがたをもてなします。

式場をあとにする際の最後の事務手続き

●世話役から事務の引き継ぎを行う

精進落としが終わり解散となったあと、喪主は受付などを手伝ってくれた人から、香典などの現金、芳名帳、香典帳、供物・供花リスト、弔電、弔辞などを受けとります。

香典を受けとるときは、香典管理をしていた人にも立ち会ってもらい、香典帳と照らし合わせて、合計金額にまちがいがないかをその場で確認しましょう。

また、納品書、領収書、請求書などを整理して、出金額と未払い額を把握しておきます。

葬儀にかかった費用は、相続税の控除対象となるので、お布施の袋のコピー（61ページ参照）とともに、費用明細や領収書などはなくさずに保管しておきましょう。

葬儀後に自宅に弔問に来たかたへの香典返し（返礼品）は、20人分くらい用意しておけば大丈夫です。注文した数より少なくなってしまった場合は、葬儀社に追加注文しておきましょう。余った場合は返品します。

重要！ 香典を受けとるときは、
香典管理をお願いしていた人と一緒に、
合計額をその場でチェックする。

●大きな荷物は葬儀社にまかせる

事務手続きが終わったあとは、喪主も帰宅の途につきます。通夜、葬儀・告別式と2日間にわたって世話になった葬儀社のスタッフに、感謝を伝えましょう。

式場をあとにする際は、遺骨、位牌、遺影、香典、芳名帳、香典帳、弔電、弔辞などを忘れずに持ち帰ってください。

親族と話がはずんだり、張りつめていた気が抜けてしまったりして、遺骨や位牌、遺影などを式場に置きっぱなしにして帰ってしまう人がいます。とても大切なものですから、家族で声をかけ合って、必ず持ち帰ってください。

そのほかの大きな荷物は、葬儀社が車で自宅に運んでくれます。自宅に届けてもらうものを左にリストにしましたので、参考にしてください。

葬儀社から自宅に届けてもらう荷物リスト

□香典返しのセット（10～20個くらい）
□祭壇にお供えした供物
□余った供花
□葬儀社に預けた、故人の愛用品（メモリアルコーナーなどをつくった場合）
□葬儀社に預けた印鑑
□遺影をつくる際に葬儀社に渡した、写真の原本（画像データや写真プリント）
□死亡届のコピー
□事後処理の案内
□そのほか、必要書類

※葬儀社からの請求書は、後日届くのが一般的。

From 柴田典子

エンディングノートに思いを書き残してみませんか

喪主は通夜、葬儀・告別式を通し、葬儀の規模から必要になるもの、参列してほしい人など、決めなければならないことにたくさん遭遇します。

しかし、故人から死後のことを何も聞かされていないと、どうすればいいか迷ってしまうことも多いでしょう。

そんなときに、故人が人生の終わりを迎えるにあたり、自分の希望や家族への思いを書き残してくれていたら、どうでしょうか。

「こんなふうに最期を迎えたかったんだ」「こんなふうに思ってくれていたんだ」といった故人の思いがわかれば、迷うことなく決められるはずです。

こうした思いを生きているうちに書き残しておくのが「エンディングノート」。死後を考えるなんて縁起が悪いと思うかもしれませんが、家族の精神的負担を減らし、自分自身も思い残すことなく終末を迎えられるすばらしい記録なのです。

エンディングノートは、さまざまな種類が市販されていますし、自分で無地のノートで作ってもかまいません。

書いておくと便利な項目は、98ページに記しましたので参考にしてください。なかでも、次にあげる3つはぜひ書き残してほしいと思う項目です。

①お葬式に呼んでほしい人

書いておかないと、周りの人は気づくことができません。自分が亡くなったことを知らせたいと思う人の名前と住所、連絡先を書いておきましょう。

②自分が輝いていた時代のこと

学生時代のこと、就職してからのこと、結婚当時のこと、主婦になってからのこと、子育てを始めてからのこと……など、あなたが輝いていたときのことや心に残っていることを書き残しておきましょう。

子どもがいる場合、子どもは物心がついてからの親の姿しかわかりませんから、親の青春時代、独身時代、新婚当時のころを知ることは意味のあること。親の人生に思いをはせることで、家族を亡くしたあとの心のケアにもつながります。

③自分を支えてくれたかたがたへのお礼

自分の葬儀をイメージして、参列してくれた人たちにどんなお礼の言葉を残したいかを考えて、書いておきましょう。

この言葉は、会葬礼状に使ってもらってもいいし、喪主のあいさつで遺族から伝えてもらってもかまいません。あなた自身の言葉があることで、会葬者の心に深く響く葬儀になるでしょう。

エンディングノートに書いておきたい項目

❶ もしものときに必要な意思表示

□病名の告知や余命宣告をしてほしいか
□延命治療はしてほしいか（してほしいなら、どこまで希望するか）
□尊厳死を希望するかどうか
□献体登録をしているかどうか
□ドナーカードを持っているかどうか
□アイバンクに登録しているかどうか

❷ 生きているうちに家族に知っておいてほしいこと

□介護が必要になったときの希望
□介護に必要な費用について
□判断能力が低下したときの後見人について
□生前契約をしている葬儀社について
□互助会に入っているかどうか
□どんな葬儀をしてほしいか
□使ってほしい遺影用写真について
□葬儀費用について
□葬儀に来てほしい人
□お墓の希望
□死後の各手続きをしてくれる人について
□自分の経歴（どんな人生を歩んだかを簡略に）

❸ 死亡後に見てほしいこと

□土地、家屋などの相続
□預貯金、株式、生命保険の分配について
□年金に関する書類の保管場所
□ローンの有無
□カードから引き落としされているもの
□クレジットカード、携帯電話、パソコン、インターネットなどの解約のための手続き情報
□パートナーや子どもたちへのメッセージ
□友人やお世話になったかたがたへのメッセージ

5章
葬儀後すぐにすること

葬儀にかかった費用の精算

請求書を確認して早めに払う

●請求書が届いたらすぐに確認を

葬儀が無事にすみ、一段落したら、葬儀にかかった費用の支払いをします。たいていの場合、葬儀後2～3日で内訳明細とともに請求書が届きます。

届いたらすぐに内容を確認し、疑問点は問い合わせて納得してから、おそくとも1週間以内に支払うようにしましょう。

確認事項として、明細書にある「返礼品」の額は、葬儀で実際に使用した分と自宅での弔問客用の返礼品の金額です。数が合っているか確認しましょう。

まれに、葬儀・告別式当日に、請求書を渡し、その場で支払いを要求する葬儀社もあるようです。葬儀費用の未回収を避ける策のようですが、葬儀当日に費用を準備することがむずかしい場合は、事前に葬儀社に相談してください。

●立てかえられるお金を常に用意

葬儀費用はいくら故人が残しておいてくれたとしても、死後は故人の預貯金口座が凍結されてお金をおろすことができなくなります。喪主はその金額を用意しておく必要があるので、そのためにも、

重要！ 葬儀費用は請求書がきてから1週間以内に、速やかに払う。請求書はコピーをとって保管しておくことを忘れずに。

喪主になる可能性がある人は、前もって200万円くらい（葬儀費用＋宗教者費用）のお金を普通預金の口座に確保しておくと安心です。

葬儀費用は遺産相続の際の控除対象になるので、お布施を入れた袋のコピーとともに領収書も保管しておきましょう。

●お布施は葬儀翌日に渡すことも

菩提寺《ぼだいじ》の場合、通夜当日にお布施を手渡すのではなく、葬儀の翌日に寺院を訪ねて、お礼かたがたお布施を手渡すほうがていねいといわれています。

しかし、喪主も僧侶も忙しく、お互いにタイミングを合わせることがむずかしい場合もあるので、通夜当日に渡すことが一般的となっているようです。

自分の葬儀費用を準備するには

一般的な葬儀費用の相場は、約200万円といわれています。自分が死亡したとき、喪主になる人はその大金をすぐに用意できる状態でしょうか。

そんなニーズから最近登場したのが「葬儀保険」(各社で商品名はいろいろ)。手ごろな保険料で、加入者が亡くなった場合にすぐに保険金が支払われるというものです。このような保険に入っておくことも、遺族に対する思いやりかもしれません。

もう一つの方法は、少額短期保険に入り、保険金の受取人を喪主になるであろう人に指定しておくことです。

この保険は、請求してから当日または翌日には支払われているので、そのまま葬儀費用にあてられます。葬儀社に問い合わせてみましょう。

顔を知らない弔問客には注意も必要

自宅にお線香をあげにくる弔問客への対応

●いつ誰が弔問に来ても大丈夫なように

葬儀に参列できなかった人や、新聞で訃報を知った人などが、葬儀の翌日くらいから、自宅のほうに弔問に来られることがあります。

たいていは電話で「いまから伺ってもいいですか」と連絡がありますが、いきなり来る場合もあるので、あと飾りの祭壇を用意し、遺骨、遺影を飾り、お線香をあげられるようにしておきます。

遺骨の前でお線香をあげていただいたら、お茶と菓子の接待をして、多少なりとも故人の思い出話などをするとよいでしょう。お茶やお菓子はきらさないよう、多めに用意しておくと安心です。

香典を差し出される弔問客には、葬儀のときに持ち帰った予備の返礼品と会葬礼状をお渡しします。香典1万円までのお返しは、この場で終了します。わざわざ来ていただいたお礼を伝え、見送りましょう。

●香典袋は積み上げておかない

このときに気をつけたいのは、前の弔問客からの香典袋を積み上げたままにし

重要！
自宅に来る弔問客を想定して家の中を清潔に。お茶菓子の用意もしておく。喪主が知らない弔問客は関係を尋ねてもよい。

ないこと。その後のトラブルにつながりかねないので、香典はそのつど別の場所に保管しておきましょう。

●弔問客のふりをしたセールスに注意

また、弔問客を装った営業活動もあるようです。「ご主人さまと以前お会いした者です」と言われると、知らない人であっても、そうなのかと思い、つい家にあげてしまいがち。しかし、お線香をあげたあとに名刺を出してきて、お墓や仏壇などのセールスを始めるというパターンが多くあるのです。

喪主が面識のない弔問客の場合は、「存じ上げずたいへん申し訳ないのですが、どちらのどなたさまでしょうか」と、まず相手の身元と名前を聞き出しましょう。それでもよくわからない場合は、「故人とはどのようなご関係だったのでしょうか。お聞かせいただけると助かります」と、玄関先で聞いておくことをおすすめします。ただし、ていねいに。

お世話になったかたがたへのあいさつ

●故人の勤務先へのあいさつ

喪主は、故人が生前お世話になったところへお礼も兼ねてあいさつ回りを行うことが一般的です。

故人が勤め人で、勤務先の人も葬儀に参列したり、お手伝いをしてくれたりした場合は、菓子折りなどの手みやげを片手に、無事葬儀がすんだことの報告などをするとていねいです。故人の私物が会社に残っている場合は、そのときに引きとるとよいでしょう。

勤務先に行けないときは、菓子折りに礼状（左ページ参照）を添えて送ってもかまいません。

●介護施設や病院などへも足を運ぶ

故人が介護施設や病院などに入っていた場合は、葬儀後早めに足を運び、お世話になったお礼を述べるとともに、精算をすませ、残っている荷物があれば速やかに引きとります。かかりつけだった医師がいる場合は、その医院へ足を運び、お礼と感謝を伝えます。

いずれの場合も、菓子折りなどの手みやげを持参するようにしましょう。

重要！

これまでの感謝をこめて、勤務先、介護施設、病院、ご近所などへ喪主自らあいさつ回りに足を運ぶ。

●ご近所にもお礼と葬儀終了の報告を

いまは自宅ではなく会館などで行う葬儀が主流となり、近所にお手伝いをお願いする場面が少なくなりました。とはいえ、町内を代表して葬儀に来られるかたがいたり、親族が多く集まるときに駐車場を貸してくれたりなど、多少なりともお世話になることもあるでしょう。

その場合は、葬儀後、故人をしのんでいただいた供花で作った花束や供物などを渡しながら、おかげさまで無事に葬儀をすますことができたという報告とお礼をしましょう。受付などのお手伝いをしてもらった場合は、心づけ（5000円程度）も一緒に手渡しします。

勤務先へのお礼状の例

先日は　亡き夫・東京太郎の
葬儀にご会葬いただきまして
ありがとうございました
突然の出来事で　勤務先の皆
さまには　なにかとご迷惑をおか
けしましたが　無事葬儀を終
えることができ　息子ともども
感謝申し上げます
皆さまのお気づかいや　慰めの言
葉がとても身に染みております
今後もお世話になることがあるか
と思いますが　どうぞよろしくお
願い申し上げます

〇〇〇〇年〇月〇日　東京花子

高額な香典をいただいたかたへの香典返し

●2万円以上の香典をいただいた場合

関東では、香典返しについては、通夜、葬儀・告別式当日にお返しする「即日返し」が一般的ですが、38ページで説明したように、即日返しに対応する香典額は、1万円までが目安。2万円以上の香典をいただいた場合は、葬儀当日の返礼品のほかに、四十九日の忌明け後をめどに、1万円との差額分の半返しを目安にお返しをするようにします。

●親族への香典返しはどうする？

親族からは高額な香典をいただくことが多いでしょう。親族の場合は、会食費もかかっているので、半返しよりも少なめでいいかもしれませんが、遠方の親族など、宿泊費や交通費などをかけて来てくれた場合は、少し多めにお返しをするのが礼儀です。

また、現金ではなく、お花やお線香などの品を送ってきてくれた人には、ささやかでいいので菓子折りなどを送るといいでしょう。金額によって送るものも違うため、左のようなリストを作成しておくと便利で記録としても役立ちます。

重要！

即日返しをした場合でも、高額な香典をいただいたかたには、さらに香典返しが必要。

●香典返しリスト

分類	氏名	〒住所		TEL	
香典額（品物など）		香典返しの品（商品番号など）	香典返しの料金	送料	発送日
（例）親戚	東京太郎	〒123-4567 東京都○○区○○○		0000-0000	
10万円		ギフトカタログ	4万円	500円	10/10

香典返しに添えるあいさつ状

●ひな型もあるがオリジナルもよい

忌明け後、香典返しを送るときは、品物と一緒にあいさつ状も添えます。

返礼品を扱う会社にあいさつ状のひな型があって、そこに故人の名前や喪主名などをあてはめればすぐに作成できるようなものがいくつか用意されていることが一般的です。

しかし、それではなんだか味気ないという場合は、自分でオリジナルの文章を作ることをおすすめします。

手書きで書くのがたいへんな場合は、

オリジナル文1

このたびは　故○○○○の葬儀に
心温まるご弔慰をいただきまして
誠にありがとうございました
故人が　生前におきまして
たいへんお世話になり　そのうえ
人生の最後の葬送にまでご配慮をいただき
遺族一同　感謝しております
つきましては　ささやかでございますが
心ばかりの品をお届けいたします
本来ならば　お目にかかりお礼を申し上げるべきところですが　○○亡きあと　雑事に追われ
伺うこともままなりませんので
まずは書面にて謹んで御礼申し上げます

○○○○年○月○日

佐藤一男

重要！ 香典返しに添えるあいさつ文は、返礼品会社にひな型があり、簡単。喪主がオリジナルを作成することも可能。

おとなしい地模様が入った、ちょっと厚めの紙などを購入し、パソコンで作った文章をその紙にプリントアウトしてみましょう。世界で一つしかないあいさつ状ができ上がります。

たとえ月並みな文章であっても、喪主が自らつづった言葉のほうが読む人の心に響き、強く印象づけられるでしょう。

オリジナル文2

故〇〇〇〇の葬儀では
ごていねいにご弔慰をいただきまして
誠にありがとうございました
また　お忙しいなか　貴重な時間をさいて
ご会葬くださり　感謝いたします
そのお心づかいに　遺族一同
どれだけ励まされたかわかりません
つきましては　お寄せいただきましたご厚情に
謝意をあらわしたく
心ばかりの品をお届けいたします
本来なら　お目にかかって御礼を
申し上げるべきところですが
とり急ぎ　書面にてごあいさつを申し上げます

〇〇〇〇年〇月〇日

田中照子

遺品整理&形見分けをする

●故人の使っていたものを整理する

喪主の役目と決まっているわけではありませんが、遺族は四十九日のあとに、遺品整理を行うことが多いようです。

故人の使っていたものを片づけることは、たいへんな労力が必要なうえ、精神的な負担もありますが、遺品整理をすることで、心の整理もつくものです。

ただし、配偶者と子どもでは悲しみの度合いが違います。悲嘆の大きい人がいた場合は、少し時間をおいて、納得するまで待つことも重要です。

●形見分けは故人の遺志を尊重

遺品整理をするタイミングで、形見分けが行われることも多いようです。「この指輪は○子に使ってほしい」などの故人が言い残した場合は、その遺志をくんでそのかたに差し上げましょう。

形見分けをするときは、家族、親族、ごく親しい友達などが一般的です。どんなにいいものであっても、人が使っていたものをそれ以外のかたへ贈るのは、かえって荷が重く思われてしまうこともあるので、特に目上のかたへは差し上げま

重要！ 忌明け後に、遺品整理とともに形見分けを。
貴金属類などの高価なものは、
相続する権利のある人と相談して決める。

せん。

まだ新しい洋服などは、親戚などが集まったときに前に並べて、「よかったら、好きなものを持っていってください」と相手に選んでもらうようにするといいでしょう。

●高価なものはひと言声をかけて

高級ブランドの時計や貴金属類などは比較的誰もが欲しがるものです。

たとえば、母親の葬儀で、喪主を務めた長女が、ダイヤのネックレスを見つけたとします。喪主に妹がいる場合、「お母さんの荷物を片づけていたら出てきたんだけどもらっていいかな」とひと言声をかけること。黙って使っていると、「私も欲しかったのに」とあとでトラブルのもとにもなりかねません。

さほど高価なものでなければ、その場で判断しながら形見分けをしてしまってかまいませんが、貴金属類などは本来なら財産分与の対象になります。その可能性が考えられるときは、誰にどう分けるかを相談し、遺産相続の分割協議として書類上で残しておくほうが安心です。

From 柴田典子

悲しい気持ちを我慢しないで！

喪主は、故人が亡くなってからわずかの間に通夜、葬儀・告別式を執り行い、親族への対応など、いままで経験したことのないような忙しさに見舞われます。そのため、亡くなってすぐのころは忙しさのほうがまさり、悲しみを感じる暇がありません。

そのあとも、高額な香典をもらったかたへのお返し、お墓の準備、位牌《いはい》や仏壇の準備、役所への手続きなど、忙しさはまだまだつづきます。

しかし、親族やきょうだいが帰り、ひとりになる時間が出てくるこのあたりから、家族を亡くした悲しみを感じ始めるかたが多いようです。

そんなときは、無理をせず、自分の気持ちを隠さずに悲しんだり、怒ったり、泣いたりしてください。人を傷つけなければ、感情を出すという行為はとても大切なことです。故人が大事な人だったからこそ起きる感情で、「喪の仕事」といわれています。また、同じように家族を失った人と話をしてみると、共感できることがあり、安心して気持ちを吐き出すことができます。

がんばりすぎはストレスとなって体調をくずしてしまいがちです。

家族はもちろん、故人のためにも、喪主は自分を大切にしてください。

6章

法要、納骨と埋葬

初七日からの法事・法要

●7日目ごとに祈る理由

法要とは、故人の冥福を祈って行う追《つい》善供養《ぜんくよう》のこと。「法事」「法会《ほうえ》」ともいいます。

仏教では、故人が亡くなってから49日間は、この世とあの世をさまよっているといわれています（神道は50日間）。

そこで、その間に、遺族が故人の冥福を祈ってお祈りすることで、故人は無事に極楽浄土に行けると考えられています。

亡くなった日を1日目として数え、7日目ごとに、初七日（7日目）、二七日（14日目）、三七日（21日目）、四七日（28日目）、五七日（35日目）、六七日（42日目）、七七日（49日目）まで法要が行われますが、それは、故人があの世に幸せに旅立つためのものです。

●省略される法要

ちなみに、浄土真宗では、阿弥陀《あみだ》如来の救いにより、亡くなると同時に浄土に行けるとされています。そのため、同じように法要は行うものの、故人をしのび、教えに耳を傾けるといった、仏縁を深め

初七日
（しょなのか・しょしちにち）
葬儀当日に行うことが多い

↓

二七日
（ふたなのか・にしちにち）
死後 14 日目

↓

三七日
（みなのか・さんしちにち）
死後 21 日目

↓

四七日
（よなのか・ししちにち）
死後 28 日目

↓

五七日
（いつなのか・ごしちにち）
死後 35 日目（「三十五日」）

↓

六七日
（むなのか・ろくしちにち）
死後 42 日目

↓

七七日
（なななのか・しちしちにち）
死後 49 日目、いわゆる四十九日

↓

百か日
（ひゃっかにち）
死後 100 日目、「卒哭《そっこく》忌《き》」ともいわれ、遺族の気持ちが落ち着くころという意味。

↓

一周忌
死後 1 年目、家族や親族、故人と親しかった友人などを招いて行う。

↓

三回忌
死後 2 年目（亡くなった年を 1 年目と数えるため）

↓

七回忌
死後 6 年目

↓

十三回忌
死後 12 年目

↓

三十三回忌
死後 32 年目

↓

五十回忌
死後 49 年目

↓

弔い上げ
三十三回忌を最後の法要として弔い上げをすることが多い。

る意味合いが強くなります。

すべての法要に僧侶を呼び、読経をしてもらうにこしたことはありませんが、なかなかそうはいきません。そのため、葬儀直後に行う初七日と、七七日(四十九日)以外は、省略することがほとんどです。

とはいえ、本来は7日ごとの法要があってしかるべきものですから、せめて家族だけでも心をこめて手を合わせるようにしましょう。

●最長で五十回忌まで法要はつづく

故人がこの世をさまよっている四十九日間は「忌中」といいますが、故人があの世に旅立つ四十九日が過ぎると、「忌明け」になります。

忌明け後は、葬儀のときに神棚にはっていた「神棚封じ」のための白い紙をはがします。

四十九日法要のあとは、故人が亡くなって100日目に行う「百か日」(百日忌)、故人が亡くなってちょうど1年目に行う「一周忌」、2年目に行う「三回忌」、6年後に行う「七回忌」、12年後に行う「十三回忌」、32年後に行う「三十三回忌」、49年後に行う「五十回忌」とつづきます。

一周忌以降は、「年忌法要」ともいいます。

年忌法要は、みんなが集まりやすいように休日に行うのが一般的ですが、命日(正式には、「祥月命日《しょうつき》」といいます)は

重要！ 初七日から四十九日、一周忌などの法要は、喪主が責任をもって忘れずに執り行うこと。

避けて、それよりも少し前に行うようにします。

●法要の年を忘れずに

三回忌までは、親族を招くことが多いのですが、七回忌以降は招く人が少なくなり、十三回忌以降は縮小化されているのが最近の傾向です。

服装も、三回忌までは喪服を着ますが、それ以降は、一般的に黒っぽい洋服であればかまわないとされています。

葬儀社からは、葬儀後に今後の法要の年を書いた紙をもらえるので、それを保管して、忘れずに法要を行いましょう。招く人のスケジュールを聞いて、なるべく早めにお寺に予約を入れておくのが賢明です。

同じ家族内で同じ年に2人以上の法要が重なった場合、二つの法要をあわせて行ってもかまいません。ただし、一周忌、三回忌くらいまでは、できれば1人ずつ独立して法要を営みたいものです。

年忌法要をいつまで行うかについては、地域によっても異なりますが、たいていは三十三回忌か長くても五十回忌をもって弔い上げとし、それ以降はお盆などに先祖の供養としてまとめて行うことが多いようです。

喪主（施主）は、こうした年忌法要もすべて責任をもつものとされています。

四十九日法要前の準備

●まずは日程を押さえる

四十九日法要は、葬儀後に行われる法要のなかで、最も重要なものです。

家族や親族が集まりやすい土日に行われることがほとんどですし、四十九日よりも前に行うことが一般的で、そうなると候補日も限られてきます。

火葬場の控室で待っている間などの時間を利用して、家族や親族にスケジュールを聞き、いくつか日程の候補日を出しましょう。

菩提寺《ぼだいじ》がある場合は、葬儀が終わった時点でかまわないので、すぐにそのお寺の僧侶に連絡を入れて、予定を押さえます。菩提寺がない場合は、葬儀に来てくれた僧侶にお願いするか、葬儀社、墓石店などに僧侶を紹介してもらったりして、四十九日にお願いする僧侶を決めて日程を押さえ、そのお寺か自宅で行うことになります。

●遠方の親族に出欠を確認するには？

日程と場所が決まったら、誰を呼ぶかを決めます。本来は、往復はがきなどに法要場所、日時などを書き、出欠や卒塔《そと》

案内状

（往信面）

謹啓
〇〇の候　皆さまにはお変わりなくお過ごしのことと存じます
さて　きたる〇月〇日は　亡父〇〇〇〇の七七日忌にあたります
つきましては　左記のように法要を営みたく存じます
お忙しいなか　誠に恐縮ではございますが
何卒　ご出席を賜りますよう　ご案内を申し上げます

謹白

記

日時　〇〇〇〇年〇月〇日（日）　午前十一時～
場所　〇〇〇〇寺
東京都港区〇〇町三ー二ー一
電話　０３（〇〇〇〇）〇〇〇〇

東京都千代田区〇〇町一ー二ー三
電話　０３（〇〇〇〇）〇〇〇〇
施主　鈴木一男

※お手数ですが　〇月〇日までにご返信ください

切手

100-4567

東京都千代田区〇〇町1―2―3

鈴木一男　行

（返信面）

御出席
御欠席
（どちらか一方に〇をおつけください）

御住所

御芳名

恐れ入りますが　御卒塔婆をおつけ頂ける場合は
左記にてお名前をご記入ください
卒塔婆に記載する御芳名

切手

123-4567

〇〇〇〇　様
（送り先の住所氏名）

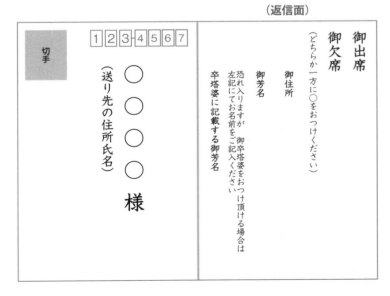

婆《ば》供養の有無を返信してもらえる案内状を発送します。

出席者が家族と親族だけでそれほど人数が多くない場合は、電話などで連絡をしてもかまいません。

遠方の親族には、葬儀のときに「この日あたりが四十九日になりそう。来てもらえたらうれしいけれど距離も遠いし交通費もかかるから、どうしたらいいかな」と率直に聞いてみましょう。お金と時間をかけてでも行きたいと思う人もいれば、今回は遠慮したいと思う人もいるので、相手に決めてもらうのがいいでしょう。

●卒塔婆供養について

「卒塔婆」とは、お墓の背面に立てる細長い木の板のようなものです。お釈迦《しゃか》さまの遺骨（仏舎利《ぶっしゃり》）を分けて供養した建物のことを「ストゥーパ」といいますが、これが卒塔婆のことです。

日本では、卒塔婆を立てることで、故人や先祖の供養になるとされています。この卒塔婆は、四十九日法要やお彼岸・お盆などに立てることができ、施主（葬儀が終わり法要になると、喪主は施主と呼ばれるようになります）だけでなく、親戚なども立てることができます。ちなみに、卒塔婆の値段は、1本につき、3000~5000円です。

親戚で何名かが希望する場合は、1枚の紙に「卒塔婆建立者」のリストを作っ

重要！ 四十九日の法要は、集まれる日を優先し、僧侶の日程を押さえることから。遠方の親戚の出欠は、相手に答えをゆだねる。

て、お寺に卒塔婆料を渡すときに、リストと一緒に手渡します。
少なくとも法要の数日前には卒塔婆供養の依頼をしておく必要があるので、四十九日法要の案内をするときに、卒塔婆供養を希望するかどうかも聞いておくとスムーズです（119ページ参照）。

卒塔婆の書き方一例

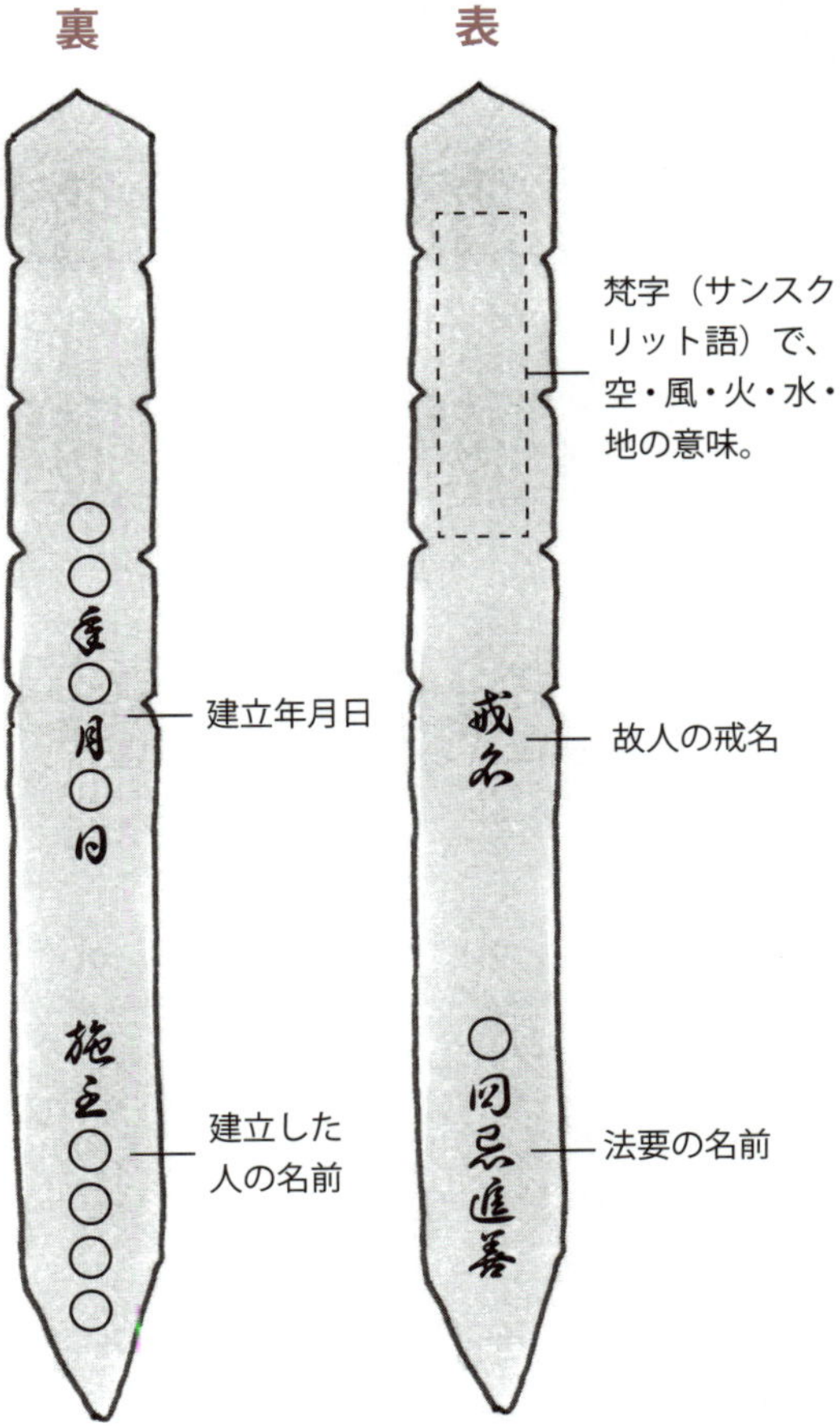

位牌の準備と仏壇購入

白木の位牌《いはい》から本位牌へ

●四十九日法要までに本位牌にする

四十九日法要までに準備しておくものとして、「本位牌」があります。位牌は故人の霊を祀《まつ》るためのもので、そこに魂が入っているとされるもの。葬儀のときは白木の位牌が使われますが、四十九日以降は、漆塗りの本位牌に変わります。

本位牌は、仏具店で購入します。そのため、家に仏壇がない場合は、位牌が入る仏壇を選ぶ必要があるので、同時に購入するケースが多いようです。

位牌には、戒名や俗名、享年などを彫ったり書いたりするので、でき上がるまでに1週間～10日はかかります。四十九日法要に間に合わせることを考えると、葬儀のあと、早めに位牌を注文したほうがいいでしょう。なお、浄土真宗の場合は、位牌はつくらず、過去帳（故人の戒名、俗名、死亡年月日、享年などを記しておく帳簿）でお祀りします。

●札位牌と繰り出し位牌

位牌には、「札位牌《ふだいはい》」といって、1人につき一つの位牌で霊を祀るものと、「繰り出し位牌」といって、先祖の分までま

重要！

四十九日法要に必要な本位牌は、早めに依頼。仏壇を購入するときは、ライフスタイルに適したものを。

とめて収納できる屋根や、扉のついている位牌があります。繰り出し位牌の場合は、札板に戒名や俗名などを書き、位牌の中に、先祖の位牌と一緒に収納します。

●仏壇を買うときに気をつけること

仏壇は置く場所を決めてから購入しましょう。いまは和室がない家もふえ、仏壇のスペースをとれないなど、大きな仏壇はむずかしいことが多いようです。

棚の上に置けるタイプや、扉を閉めると普通の家具のように見えるものなど、いろいろなタイプが出ているので、家の間取りやライフスタイルに適したものを選ぶのがいいでしょう。

繰り出し位牌

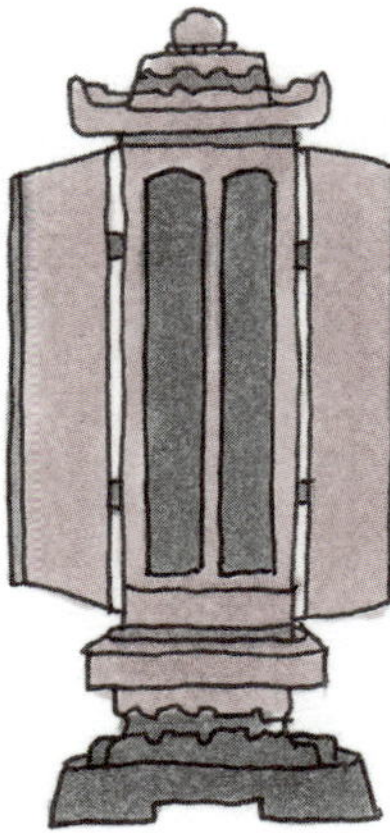

札位牌

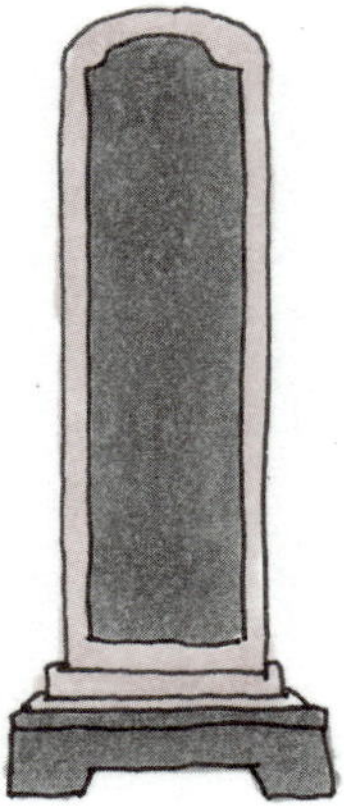

お墓についての考え方と準備

●先祖の墓に入れるなら墓石店に連絡

先祖代々のお墓に入る場合は、四十九日法要の日程が決まったら、墓誌（お墓の横に建てられていて、そのお墓に祀られている先祖の名前が彫られている石）や墓碑（墓石）に戒名（または俗名）、没年月日、享年などを入れるため、墓石店に連絡をします。

その場合、文字にまちがいがないように、口頭ではなく、郵送やEメール、ファクシミリなどで、正しい文字を伝えるようにしましょう。

また、お墓に納骨する際は、墓石をずらして骨をお墓におさめてもらうため、プロの手が必要。墓石店が法要時に来てくれるか、スケジュールの確認も必要です。どの墓石店に連絡するかわからない場合はお寺に聞けば教えてくれます。

●お墓はあわてて購入しない

菩提寺がなかったり、お墓をもっていなかったりする場合は、すぐにお墓を購入するのではなく、慎重に考えましょう。納骨するまでの間、遺骨は自宅に置いておくかお寺に預かってもらいます。

重要！ お墓を選ぶときは、交通アクセスの面や継承者のことなど、総合的に判断して慎重に選ぶ。

たとえば、都会から離れた自然あふれる場所にお墓をつくっても、移動がたいへんで、ほとんどお墓参りに行けないなら意味がありません。また、高台で眺めのいい場所でも、長い階段を上らないとたどり着けないような場所では、足が遠のいてしまうでしょう。

●継承者がいるか現実的な判断を

お墓は一度買ったら永続的に継承されていくものなので、継承してくれる人がいない、その可能性が低いという場合は、一代限りのお墓や、永代供養をしてくれるお墓、納骨堂のようなところを選択肢に入れることもできます。

最近は、樹木などを墓標とする樹木葬や、海に散骨する海洋葬も人気ですが、まれにトラブルもあるのでしっかり下調べをしましょう。

お墓の種類

お寺の墓地

寺院内に墓地をつくるかわりに、そのお寺の檀《だん》家《か》になる必要があります。檀家になると、そのお寺を支えるために寄付や行事参加などが必要なことも。お寺によっては檀家にならなくても、寺院内にお墓を建てられるところもあります。

公営の墓地や霊園

自治体が管理、運営していて、宗教や宗派に関係なく入れます。ただし、公募や抽選で倍率も高く、誰でも入れるわけではありません。

民間の墓地や霊園

公益法人や宗教法人などが管理、運営していて、宗教や宗派に関係なく入れます。値段もいろいろなので、自分に合ったところを探しましょう。

参会者に快く過ごしてもらうために

法要後の会食と引き物の手配

●会食場所の確保をしよう

四十九日法要では、法要のあとに集まった人たちで会食を行うのが一般的です。お寺で行う場合、会食できるような場所がお寺の中にあることも多いので、使用できるかどうか聞いてみましょう。

使用できない場合は、近くの料亭やレストランなどの予約も必要です。

会食は、僧侶にも同席をすすめ、可能かどうか事前に聞いておきましょう。

お寺や自宅で会食をする場合は、仕出屋さんなどに法事料理を人数分頼んでおきます。会席膳でも、大皿料理のオードブルやおすしなどでもかまいません。飲み物も忘れずに用意しておきましょう。

●引き物も用意する

料理のほかに、引き物も用意します。一般的には、法要でいただく香典額の半分か3分の1くらいが適当です。

親族などの香典額が1万円くらいと考えると、３０００円くらいの引き物を用意しておくと無難です。

なお、家族分は内々で決めることですが、遺族であっても施主と別世帯であれば、香典は包むのが常識です。施主はその分の引き物も用意しておきましょう。僧侶の分の用意も忘れずに。

なお、会食をしないで解散するときは、法要のあと、引き物と一緒に折り詰めやお酒なども持ち帰ってもらうようにすれば、失礼にはあたりません。

重要！ 法要後の会食も人数の確認をして早めに会場を押さえておく。引き物も内容を決めておくとよい。

〈会食準備メモ〉

法要日時　　年　　月　　日　　時～

会食の場所

会食場までの交通手段

参会者の人数

注文する料理

□

□

飲み物

□

□

□

茶菓子

引き物の数と内容

四十九日法要までの準備リスト

- □日程を決める
- □法要の場所、会食の場所を決める
- □案内状の作成
- □卒塔婆建立者のリスト作成
- □位牌を仏具店に依頼
- □会食の準備（仕出屋さんへ予約）
- □引き物の準備
- □位牌を置く場所をどうするか決める（仏壇を購入するかどうか）
- □遺骨の埋葬についてどうするか決める
- □お布施の準備（130ページを参照）

四十九日法要の一般的な流れ

●法要当日の忘れ物に注意

四十九日法要当日、施主や遺族はほかの参列者たちよりも少し早めに会場に到着して、僧侶に「きょうは一日よろしくお願いいたします」とあいさつをします。また、法要後の会食を仕出屋さんに頼んでいる場合は、法要の始まる前に届けてもらうとスムーズです。

会場に行くときは、次のものを必ず持って出かけましょう。白木の位牌、漆塗りの本位牌、遺骨、遺影、お花（本堂用とお墓参り用）、お線香。これらは法要のなかで必要となるものなので、必ず確認してください。

●入魂供養で本位牌に魂を入れる

法要は、僧侶による読経、参列者の焼香の順で流れていきます。そのあと、白木の位牌から本位牌に故人の魂を移す「入魂供養」が行われます。

白木の位牌はお寺のほうで引きとってくれることがほとんどです。そして、僧侶による法話があり、終了となります。時間にして、30～40分です。

そのあとは、一同でお墓参りに向かい

ます。その際、納骨も行う場合は、墓石店が墓石をずらして遺骨をおさめてくれます。納骨代（約2万円）は、墓石に戒名などを彫る費用と一緒にあとからまとめて請求されることが一般的です。当日、墓石を動かしに来てくれた墓石店のかたには、心づけとして5000円程度をお渡ししましょう。

お墓に遺骨をおさめてもらったら、お墓にお花や線香をあげて、お祈りします。僧侶によっては、お墓まで来て、読経をしてくれる場合もあります。

●施主は会食の開始と終了時にあいさつ

お墓参りが終わったら、会食へと移ります。レストランなどを予約している場

四十九日法要一連の流れ

施主のあいさつ（ない場合も）
→ 僧侶の読経
→ 参列者の焼香
→ 入魂供養
→ 僧侶による法話
→ お墓参り
→ 会食

合は会場へ向かいます。

　お寺や自宅で会食をする場合は、仕出屋さんの料理を急いで並べて、用意します。料理の準備ができたら、施主は、参列してくれたかたがたへのお礼のあいさつを述べましょう（151ページ参照）。そのあと、年長者に「献杯の発声」をしてもらい、会食をします。

　僧侶も一緒に会食をする場合は、最上席に案内し、おもてなしを忘れないようにしてください。1～2時間ほど会食し、そろそろお開きというところで、施主が閉会のあいさつをします。

　参会者が帰る際に、忘れずに引き物を手渡しましょう。

●僧侶へお布施などを渡す

　参会者を見送ったら、お寺であれば僧侶のところへ引き物などの手みやげを持っていき、「本日はほんとうにありがとうございました」とあいさつをして、お布施を渡しましょう。

　法要のお布施の額も、葬儀のお布施と同様、特に決まっていませんが、一般的には葬儀に出したお布施の1割といわれています。つまり、50万円なら5万円、30万円なら3万円です。

　ただし、法要だけでなく、納骨なども一緒にしていただいたときは、少し上乗せをしましょう。また、お寺を借りて法要や会食をした場合、場所代なども含ま

重要！ 四十九日法要は施主の最後の大役。しっかり段取りを組んで故人の供養をする。

れていると考え、多めに渡すほうがいいでしょう。

僧侶が会食をともにしなかった場合は、お布施とは別に、「お膳料」として5000円程度を包みます。自宅や別会場などで行い交通費がかかっている場合は、「お車料」も必要です。

これらは、葬儀のときと同様、白い封筒に「御布施」「御車料」「御膳料」と別々に書いて渡しましょう。

また、卒塔婆供養を希望した場合は、卒塔婆のリストとともに「御塔婆供養料」と書いて渡します。

●とりあえず一段落

法要を終えて帰宅の途につくときは、魂を入れてもらった本位牌、遺影などを忘れずに持ち帰りましょう。自宅に設置したあと飾り祭壇をしまって、本位牌を仏壇に入れます。この日からは、仏壇にお線香をあげて手を合わせましょう。

なお、あと飾りの祭壇を処分する場合、近所で捨てにくいようなら、葬儀社に連絡すると引きとりにきてくれます。

このあとも新盆や喪中はがきの作成、一周忌などがありますが、とりあえずは一段落できそうです。

亡くなってから四十九日までの間、忙しい日々の連続だった喪主は、ゆっくりと体と心を休め、少しずつ悲しみを癒やしていきましょう。

●キリスト教式と神式の法要とは？

キリスト教式のカトリックは、故人の死後、3日目、7日目、30日目、1年後に追悼ミサを行います。なかでも、1年後の追悼ミサは盛大に行われます。

プロテスタントは、故人の死後1カ月目で教会や自宅などで記念集会を開きます。そのあとは、1年目、3年目、7年目に追悼記念集会が行われます。

キリスト教では、位牌にあたるものはありません。家庭では棚の上などに十字架や燭台《しょくだい》などを飾った家庭祭壇を置き、そこに遺影などを置くことが多いようです。

神式では、法要のことを「霊祭（みたままつり・れいさい）」といい、故人が亡くなった日から10日ごとに、十日祭、二十日祭、三十日祭、四十日祭、五十日祭を行います。五十日祭は、仏式の四十九日にあたり、この日に納骨を行うことが多いようです。位牌にあたるのが白木でできた「霊璽《れいじ》」で、仏壇にあたるのが「祖霊舎（みたまや・それいしゃ）」です。神様の場所である神棚とは別に、先祖の霊を祀る「祖霊舎」を用意し、そこに霊璽をおさめます。祖霊舎は神棚よりも低い位置に配置します。

7章

すぐに使える！
喪主のあいさつ例文集

心に響く喪主のあいさつとは

●故人の人生を回想しながら

喪主は、通夜、葬儀・告別式、法要を通して、要所要所で人前であいさつをする場面があります。

特に、まだ悲しみも癒えていない通夜や葬儀・告別式でのあいさつは、言葉に詰まってしまう人も多いものです。

でも、それでいいのです。あいさつのポイントは、うまく話そうと思うよりも、故人の人生を回想しながら、素直な気持ちで話すことです。感情があふれ出てくるなら、それをそのまま言葉に出してみましょう。たったひと言でも、いつわりのない言葉のほうが、会葬者の心に深く響くはずです。

●遺族代表として伝えたい3つの要素

喪主が重きを置くのは、通夜や葬儀・告別式などの遺族代表のあいさつです。次の3つの要素を盛り込んで、あいさつ文を作成しましょう。

①亡くなるまでの経過

たとえば病気で亡くなった場合、会葬者のなかには、様子を知らされていない人もいるでしょう。くわしい病名までは

重要！

喪主のあいさつは、うまく話すよりも、いつわりのない言葉で、簡潔かつ短めにまとめる。

言わなくとも、「2年前から入退院を繰り返し、数日前、家族に見守られながら安らかに旅立ちました」など、大まかな経過を説明するとていねいです。

②故人の生きざまや人柄について

「こわい顔をしていたけれど、実は子ぼんのうな父だった」など、故人の生き方や人柄にふれると、温かいあいさつになります。遺族として心に残っている印象的な出来事を話すのもよいでしょう。

③会葬者へのお礼

これまで故人を支えてくれたことへのお礼と、忙しいなか時間をさいて会葬に来てくれたことへの感謝の気持ちを伝えます。

●自分の言葉で話す

心に響くあいさつにするには「自分の言葉」で話すことです。葬儀社にも例文は用意されていますが、誰にでもあてはまるような型にはまった言葉では、会葬者の心に響きません。

この章では、ケース別に、葬儀で使える例文を紹介しています。自分の状況に近い例文を参考にしながら、エピソードや言葉を入れかえて、オリジナルのあいさつ文にしてみましょう。

話す時間は短めに簡潔に……が原則で、2～3分が目安。言いたいことがたくさんある場合は、コンパクトにまとめてください。

遺族代表のあいさつ 1

闘病生活の末に亡くなった場合

故人	夫
喪主	妻
時間	2分

最愛の人を失った寂しさを率直にあらわしながらも、闘病生活にピリオドを打つことができたことへの安堵《あんど》感もあわせて伝えます。

会葬のお礼

皆さま、本日はお忙しいなか、夫・田中聡の葬儀・告別式に、ご会葬を賜りまして、ありがとうございます。

亡くなるまでの経過

夫は昨年の夏に病に倒れ、それ以来入退院を繰り返していましたが、8月21日の午前5時、家族の見守るなか、静かに旅立ちました。享年70歳でございました。

故人の回想と故人への思い

夫は、会社員時代は仕事一筋の人でしたが、定年後は、家族に寄り添って、日本全国さまざまな場所へ旅行に連れていってくれました。

もう夫と旅行もできないのかと思うと胸が詰まる思いですが、夫にしてみれば、やっと苦しい闘病生活から解放され、ほっとしていることでしょう。

厚誼のお礼

最後になりましたが、故人が生前賜りましたご厚情に、深く感謝申し上げて、ごあいさつとさせていただきます。本日は、誠にありがとうございました。

生前、家族と楽しく過ごした思い出などを回想することで、故人の人柄をにおわせます。

遺族代表のあいさつ 2

突然に親を亡くした場合

故人	父親
喪主	息子
時間	2分

突然の死去の場合は、そのときの状況をある程度くわしく述べたほうが親切です。故人の性格などを入れることで、温かみのある内容にします。

会葬のお礼

本日は、皆さまご多用のところ、父・三田昇のために、ご会葬くださいまして、誠にありがとうございました。

亡くなるまでの経過

父は、３日前に脳出血で倒れ病院に運ばれましたが、帰らぬ人となってしまいました。私も突然のことで、正直申しまして、まだ実感がわいてまいりません。

生前の様子と遺族の心情

63歳でしたが、多趣味な父は、これからゆっくりと趣味を楽しもうと、さまざまな計画を立てておりました。

そんなおりの急逝とあり、家族としては無念の思いでいっぱいですが、いつも前向きな父のことですから、天国で趣味に明け暮れることと思います。

厚誼のお礼

突然のことにもかかわらず、本日は、このようにたくさんのかたにお見送りいただけましたこと、あらためてお礼申し上げます。

亡き父もきっと喜んでいることと思います。

本日は、誠にありがとうございました。

故人の思いを遺族がくみとって述べることで、会葬者への感謝をあらわします。

故人への感謝を伝えたい場合

故人	父親
喪主	娘
時間	3分

故人がいつも口に出していた言葉を紹介することで、故人の人柄を回想させると同時に、親の教えを人生の糧に生きていく決心を伝えます。

会葬のお礼

皆さま、本日は亡き父・佳山誠一の葬儀・告別式にご会葬いただきまして、誠にありがとうございました。
おかげさまで無事に式も終了し、出棺の運びとなりました。
皆さまがたに最後までお見送りいただけたこと、父もさぞかし喜んでいることと思います。

亡くなるまでの経過

父は、2カ月前に突然体調をくずして入院し、治療を尽くしましたが、回復することなく、4月10日の午前3時に亡くなってしまいました。

遺族の心情

私たち家族も父の急な容体悪化に驚くばかりでしたが、いまになって考えれば、せっかちな父らしく、5年前に亡くなった母のもとに、急いで逝ったのかもしれません。

エピソードと故人への思い

父は、いつも私たち子どもにたくさんの大切なことを教えてくれました。
なかでも、最も心に残っている言葉があります。それは、
「人としていちばん大切なことは心だ。仕事でも家庭でも、
相手への思いやりをもって接すれば、
まちがった方向に進むことはないから」という言葉です。
正直申しまして、子どものころは、
それがどんな意味なのか、よくわかっていませんでした。
しかし、大人になったいま、
父は人生の真実を教えてくれていたのだと、心から思うのです。
「愛」を教えてくれた父の生き方は、私たちにとって何よりの財産です。
これからは、父の教えを無駄にしないように、相手の心に寄り添いながら、
しっかりと生きてまいりたいと思います。

故人が生前常に言っていた印象的な言葉を紹介し、故人の生きざまを伝えます。ただし、身内なので、あまり持ち上げすぎないように。

厚誼のお礼

生前、皆さまからのご厚情を賜りましたことを、亡き父にかわりまして、
厚く御礼申し上げます。
よき職場のお仲間、よき友人に恵まれた父の人生は、
実り多いものであったことでしょう。本日は、誠にありがとうございました。

遺族代表のあいさつ 4

若くして妻に先立たれた場合

故人 妻
喪主 夫
時間 2分

若くして亡くなった場合は、その理由も話したほうがいいでしょう。子どもとともに歩んでいく決意を伝え、会葬者への協力も仰ぎます。

会葬のお礼

本日は、皆さまお忙しいなか、妻・美代子の葬儀・告別式にご会葬いただきまして、誠にありがとうございました。

亡くなるまでの経過

妻とは10年前に結婚し、2人の子どもに恵まれ、幸せに暮らしておりました。しかし、1年前に受けた健康診断で胃ガンを宣告され、治療のかいなく他界してしまいました。

故人の回想と故人への思い

美代子はまだ、35歳です。子どもたちの成長を見届けることができず、この世を去ってしまうことは、無念だったことでしょう。

故人の気持ちを代弁しつつ、悲しみだけで終わることのないよう、少しでも前向きな気持ちを述べます。

小さな子どもたちにとって母の死を理解することは、まだむずかしいかもしれませんが、子どもたちの悲しみをしっかり受け止めながら、この子たちをりっぱに育て上げていかなければと思っております。

厚誼のお礼

皆さまには、これからもなにかとお力添えいただくことがあるかと存じますが、どうか、よろしくお願いいたします。本日はほんとうにありがとうございました。

遺族代表のあいさつ 5

働き盛りの大黒柱を失った場合

故人	夫
喪主	妻
時間	2分

突然のことに動揺する気持ちは抑えつつ、今後も変わらぬおつきあいをしていただけるよう、お願いのあいさつとします。

会葬のお礼

山下海斗の妻・知美でございます。皆さま、きょうは亡き夫のために
こんなにも大勢のかたにお集まりいただきまして、ありがとうございました。

亡くなるまでの経過

夫は4日前、いつもと変わらぬ様子で仕事に出かけましたが、
心臓発作のため職場で倒れ、救急車でN病院へ運ばれました。私も連絡を受けて
すぐに駆けつけましたが、意識も戻らぬまま、旅立ってしまいました。

遺族の心情

心の整理がつかないまま、いまに至っておりますが、
最後は家族みんなで見送ってあげられたことは、せめてもの救いです。
今後、どのように生きていけばいいのか、まだ何もわからぬ状態ですが、
残された子どもたちとともに、力を合わせて過ごしてまいりたいと思います。

厚誼のお礼

その過程で、皆さまにご迷惑をおかけすることも多々あろうかと思いますが、
どうか、亡き夫と変わらぬご指導、ご鞭撻《べんたつ》を賜りますよう、
よろしくお願い申し上げます。

急逝の場合は、その過程をある程度伝え、急な葬儀にもかかわらず来ていただいたことに感謝の意をあらわします。

遺族代表のあいさつ 6

会葬者への感謝を伝えたい場合

故人	母
喪主	息子
時間	2分

たくさんの人に支えられてきた人生であることを伝え、故人が会葬者に伝えたかったであろうことを、喪主が代弁するようにします。

会葬のお礼

本日は、たいへんお忙しいなか、ご会葬、ご焼香を賜り、誠にありがとうございました。

おかげさまで、亡き母・佐々木洋子の葬儀を滞りなくすませることができました。

故人の回想

母は昭和13年生まれで、戦後の高度成長期を支えた専業主婦が多い時代に、働くことに生きがいを感じ、職業婦人として働きつづけてきた女性です。

女性として妻として母として、一生懸命生き抜いた人生を紹介し、故人をしのびます。

生前の様子

晩年、病気で体が弱ってからは、ヘルパーの皆さま、すぐに駆けつけてくれた医師、看護師さんなどのおかげで、私たち子どもも安心して過ごすことができました。

厚誼のお礼

母の人生の大半は、皆さまの支えがあってこその人生でした。

母に代わりまして、生前に賜りましたご恩情に深く感謝を申し上げます。

ありがとうございました。

遺族代表のあいさつ 7

大往生をとげ天寿を全うした場合

故人 母
喪主 息子
時間 2分

大往生の場合は、悲しみのなかにも天寿を全うした気持ちを入れるとともに、故人がすばらしい人生を送ったことへの尊敬の念を伝えます。

会葬のお礼

本日は、お忙しいなか、母リキのためにお集まりいただきまして、誠にありがとうございました。

亡くなるまでの経過

母は103歳にして、周りの人も驚くほど元気でしたが、亡くなる3日ほど前から、ベッドにいる時間が多くなり、11月23日、家族に見守られながら、眠るように亡くなりました。

生前の様子と遺族の心情

母は生前、「ピンピンコロリで亡くなりたい」といつも申しておりましたから、まさに望んだとおり、誰に迷惑をかけることもなく、旅立ったのだと思います。母は、どんな苦しいことも笑い飛ばして生きてきた強く温かい人でした。大勢の子どもや孫たちも、母のことが大好きで、いつも慕っておりました。きっと、母にとって最高の生涯だったことでしょう。

故人が充実した人生を送ったことを述べ、その人生をたたえるような気持ちを伝えます。

厚誼のお礼

皆さまより生前にいただきましたご厚情に感謝を申し上げ、ごあいさつとさせていただきます。誠にありがとうございました。

遺族代表のあいさつ 8

わが子が突然の不幸に見舞われた場合

故人	娘
喪主	父親
時間	2分

被害者としての怒りや悲しみを抑えながら、残された家族で精いっぱい生きていく決意と、参列してくれたかたへのお礼をメインに伝えます。

会葬のお礼

本日は、お忙しいなか、娘・理奈のために、ご会葬いただきまして、ありがとうございました。

亡くなるまでの経過

理奈はとてもやさしい心をもった明るく笑顔のかわいい娘でした。
しかし、通学途中に不幸な事故にあい、
たった7年間という短い生涯を終えることになりました。

故人の回想と故人への思い

自分にとって宝であり、かけがえのなかった娘が、
自分より先に逝ってしまうなんて、まだ信じることができず、
無念と悲しみでいっぱいですが、ただ嘆いていては、娘の供養にもなりません。
遺族一同、力を合わせてこの困難を乗り越えてまいります。

親よりも先に逝ってしまった悲痛な気持ちはなるべく短い言葉で簡潔に述べましょう。

厚誼のお礼

理奈のお友達の皆さん、いままで仲よくしていただき、ありがとうございました。
突然のことにもかかわらず、たくさんのかたにお集まりいただきましたこと、
心よりお礼を申し上げます。

遺族代表のあいさつ 9

おいを亡くしたときのあいさつ

故人 おい
喪主 伯父
時間 2分

遺族代表として親戚などが立つ場合は、冒頭で故人との関係を説明します。故人が若年の場合は、その無念さを伝えつつ、厚誼への感謝も伝えます。

会葬のお礼

遺族ならびに親族を代表いたしまして、故人の伯父からひと言、ごあいさつを申し上げます。本日は、故・澤田高志の葬儀・告別式にご会葬賜りまして、誠にありがとうございました。

故人の回想

高志は、つい先日無事就職先も決まり、これからはしっかり働いて、女手一つで育て上げてくれた母親に恩返しをしたいと、常に申していました。そんな高志を、伯父の私も頼もしく思っていたところです。しかし、不慮の事故により、突然あの世へ旅立ってしまいました。

遺族の心情

遺族一同、耐えがたい無念さで胸が詰まる思いですが、いちばん無念だったのは、高志だったことでしょう。

厚誼のお礼

高志が生前賜りましたご厚誼にあらためて御礼申し上げて、あいさつとさせていただきます。
本日は誠にありがとうございました。

伯父から見たおいの頼もしさなどを客観的に述べることで、故人の人柄などが伝わります。

通夜ぶるまい始まりのあいさつ

一般の会葬者が帰り、親族だけの会食に移る前に、喪主から手短にあいさつをしましょう。きょうのお礼とともに、翌日の葬儀・告別式にもお力添えをいただきたい旨を伝えます。

パターン 1

皆さま、本日はお忙しいところを誠にありがとうございました。
おかげさまをもちまして、
通夜の儀式も滞りなく行うことができました。
故人もさぞかし喜んでいることでしょう。
故人に成り代わりまして、御礼申し上げます。
なお、明日の葬儀・告別式は、正午よりこちらで行いますので、
お時間が許すようでしたら、ご参集いただければと存じます。
ささやかではございますが、お食事を用意いたしましたので、
父の思い出話でもなさりながら、召し上がっていただければ幸いです。

パターン2

本日は、突然のことにもかかわらず、亡き父の葬儀にご会葬いただきまして、ありがとうございました。

皆さまがたにお集まりいただきましたことは、故人にとって、何よりの供養になったことと存じます。

皆さまのお心づかいには、遺族一同、感謝の気持ちでいっぱいです。

明日は、午前11時より葬儀・告別式を○○にて行いますので、よろしければご参集ください。

つきましては、心ばかりの酒肴《しゅこう》をご用意いたしましたので、お召し上がりになりながら、故人をしのんでいただければ何よりです。

精進落とし始まりのあいさつ

葬儀が無事終了したことの報告、お世話になったことへの感謝を手短に述べ、喪家側から、僧侶や関係者への感謝の意をあらわします。

パターン 1

皆さま、本日は誠にお世話になりました。

ご住職さまはじめ、お世話をしていただいた皆さまのおかげで、葬儀一切、無事終了することができました。

最後まで温かいお心配りをいただきまして、あらためて厚く御礼を申し上げます。

皆さま、さぞかしお疲れのことと存じます。

誠にささやかではございますが、お食事を用意しましたので、ごゆっくりとお召し上がりくださいませ。

本日は、ありがとうございました。

パターン2

おかげさまで、葬儀をつつがなく終えることができました。
これも皆さまのおかげと、家族一同、感謝の気持ちでいっぱいです。
夫を失い、これから寂しくなりますが、
私ども残された家族で力を合わせて、がんばってまいりますので、
これからもどうぞよろしくお願いいたします。
心ばかりの酒肴を用意させていただきましたので、
故人の思い出話などを肴《さかな》に、皆さまゆっくりお過ごしください。
ほんとうにありがとうございました。

精進落とし終了のあいさつ

お開きの時間を見計らい、あらためて喪主からお礼の言葉を手短に述べて終わりにします。

パターン1

皆さま、本日は誠にありがとうございました。
お名残惜しゅうございますが、
長くお引き止めしては申し訳なく存じますので、
このあたりで終了させていただきたいと存じます。
今後とも、故人の生前と変わらぬおつきあいをさせていただけたら何よりです。
ほんとうにありがとうございました。

パターン2

2日間にわたり、長い間、ほんとうにありがとうございました。
万事行き届きませんで、たいへん失礼をいたしました。
もっとゆっくりと、故人の思い出話などを聞かせていただきたいところですが、
皆さまお疲れかと思いますので、
このあたりで終わらせていただきたいと存じます。
ありがとうございました。

四十九日法要のあいさつ

施主のあいさつは、四十九日法要後、会食前に行うことが一般的です。
法要に参列していただいたことへのお礼と、遺族のその後の報告などを交えてまとめます。

パターン 1

本日は、母・佐野恵子の四十九日法要のためにお集まりいただきまして、誠にありがとうございます。おかげさまをもちまして、無事に納骨をすませることができました。

皆さまのご厚意に、母もさぞかし喜んでいることと思います。

早いもので、あれから1カ月が過ぎました。

通夜、葬儀が終わり、静かな日常に戻ると、やさしかった母の思い出がふと胸をよぎり、涙があふれ出てきます。

もうこの世で母に会うことはできませんが、母が教えてくれたやさしさを胸に刻み、これからの人生を歩んでいきたいと思っています。

本日は、心ばかりの粗餐《そさん》をご用意いたしましたので、召し上がっていただきながら、亡き母の思い出話などお聞かせいただければ幸いです。

本日は、ありがとうございました。

パターン2

本日は、ご多用のなか、
亡き妻の四十九日法要ならびに納骨の儀にご列席いただきまして、
誠にありがとうございます。
このようにたくさんのかたにお集まりいただいて、感謝の言葉もありません。
先日の葬儀のおりには、いろいろと助けていただき、ありがとうございました。
なにぶん、急なことでありましたので、
私自身も気が動転してしまい、
皆さまに多大なご迷惑をおかけしたことを、おわびいたします。
妻が亡くなった家は、まるで太陽が消えてしまったかのようでしたが、
逆に子どもたちから、
「お父さん、いまはまだつらいだろうけど、お母さんはきっと
私たちを見守ってくれているから、一緒に乗り越えていこうね」と言ってくれまして、
ようやく前向きな気持ちになりかけたところです。
本日は、ささやかではございますが、お食事を用意いたしましたので、
ごゆっくりお過ごしいただければと存じます。
誠にありがとうございました。

法要後の会食終了のあいさつ

法要に列席していただいたお礼をあらためて述べると同時に、手みやげを持ち帰っていただきたいことも伝え、手短に切り上げます。

パターン1

本日は誠にありがとうございました。
皆さまから亡き父の思い出話などをお聞かせいただき、
とても心温まる思いでいっぱいです。
もっとゆっくりとお話ししていただきたいところですが、
そろそろ時間になりましたので、終わりにさせていただきたいと思います。
どうぞ、お気をつけてお帰りください。ほんとうにありがとうございました。

パターン2

本日はありがとうございました。
皆さまにお集まりいただき、夫も喜んでいることと思います。
もっとご一緒したいところですが、明日に響くと申し訳ありませんので、
このあたりで終了させていただきます。
今後とも、これまでと変わらぬお力添えのほど、どうぞよろしくお願いいたします。
ほんとうにありがとうございました。

会葬礼状の文例

もらったかたの心に染みるような文章になるとベスト。
型にはまった例文もありますが、ここではあえて、少しくだけたオリジナルの例文を紹介します。

本日はお忙しいなか　亡き母・○○の葬儀に
貴重な時間をさいてご会葬くださり
誠にありがとうございました
母は私どもとは離れて住んでおりましたが
ご近所やご友人の皆さまに支えられ
楽しい日々を過ごさせていただきました
母も私ども家族も　皆さまのご厚意に深く感
謝しております
本来ならお目にかかって御礼申し上げるべき
ところですが　とり急ぎ　書中をもちまして
ごあいさつ申し上げます

○○○○年○月○日

喪主　○○○○
外　親戚一同

本日は　夫○○の葬儀にご会葬いただきまし
て　ありがとうございました
夫婦二人　手をたずさえて歩んでまいりまし
た年月を顧みますと　感無量の思いです
これからひとり暮らしになる私は　いっそう
皆さまにお世話になることと思いますが
なにとぞ　よろしくお願いいたします
いずれ　お目にかかりお礼を申し上げるつも
りですが
とりあえず書面にてごあいさつとさせていた
だきます

○○○○年○月○日

喪主　○○○○
外　親戚一同

付録

葬儀後の**諸手続き**

亡くなったあとは、さまざまな手続きをする必要があります。同じ窓口でできるものはまとめてすませてしまいましょう。手続きの難易度（A＝簡単、B＝普通、C＝少しむずかしい、D＝むずかしい）をつけましたので、むずかしいものは専門家に相談すると安心です。

手続きの種類	難易度	期限	窓口
住民票の世帯主変更	A	死後14日以内	市区町村役所
国民健康保険の資格喪失届 被保険者証の返還 高齢受給者証の返還 身体障害者手帳の返還 葬祭費の申請 被扶養者は国民健康保険加入届	A	死後14日以内 死後14日以内 死後14日以内 死後14日以内 葬儀から２年以内 速やかに	市区町村役所
国民年金受給権者死亡届 未支給年金請求書 遺族基礎年金裁定請求書	B	死後14日以内 速やかに 死後5年以内	市区町村役所
国民年金基金受給権者死亡届 未支給年金請求書	B	死後10日以内 速やかに	都道府県庁
健康保険の資格喪失届 被保険者証の返還 埋葬料の申請 被扶養者は国民健康保険加入届	A	死後5日以内 死後5日以内 葬儀から２年以内 速やかに	健康保険組合・全国保険協会（協会健保）
厚生年金受給権者死亡届 未支給年金請求書 遺族厚生年金給付裁定請求書	B	死後10日以内 速やかに 死後5年以内	年金事務所
厚生年金基金受給権者死亡届 未支給年金請求書	B	死後10日以内 速やかに	加入基金事務所
共済年金受給権者死亡届 未支給年金請求書 遺族共済年金給付裁定請求書	B	死後10日以内 速やかに 死後5年以内	共済組合
介護保険の資格喪失届	A	死後14日以内	市町村役場

手続きの種類	難易度	期限	窓口
生命保険の請求 　**入院・手術給付金**の請求 　**個人年金**の請求	B C C	死後３年以内 速やかに 速やかに	各保険会社
簡易保険の請求	C	死後5年以内	郵便局
医療費控除の還付手続き **故人の所得税**準確定申告 **相続税**の申告	C C D	死後5年以内 死後4カ月以内 死後10カ月以内	税務署
高額療養費の申請	B	支払日の翌月１日から２年以内	市区町村役所
不動産の名義変更	D	速やかに	法務局
預貯金の名義変更、解約	C	速やかに	各金融機関
有価証券の名義変更	A	速やかに	各証券会社・発行法人
電話加入権の名義変更	B	速やかに	電話局
自動車の名義変更	B	速やかに	陸運局
自動車納税義務者の変更	B	速やかに	陸運局
自動車保険の名義変更	B	速やかに	損害保険会社
火災保険の名義変更	A	速やかに	損害保険会社

手続きの種類	難易度	期限	窓口
公共料金の名義変更	A	速やかに	電気・ガス・水道会社
NHK の名義変更	A	速やかに	NHK
銀行引き落とし口座の名義変更	B	速やかに	銀行
借地・借家の名義変更	B	速やかに	地主・家主
市営、都営、県営住宅の名義変更	B	速やかに	住宅供給公社
貸付金の名義変更	B	速やかに	貸付先
保証金の名義変更	B	速やかに	保証金の預け先
ゴルフ会員権の名義変更	B	速やかに	ゴルフ場
特許権の名義変更	D	速やかに	特許庁
クレジットカードの解約(※)	A	速やかに	カード会社
携帯電話(スマートフォン)の解約	A	速やかに	携帯電話会社
インターネットの解約	A	速やかに	プロバイダー
運転免許証の返還または破棄	A	速やかに	国家公安委員会
貸金庫のとりやめまたは名義変更	B	速やかに	銀行
パスポートの返還または破棄	A	速やかに	パスポートセンター
キャッシュカードの解約	A	速やかに	各金融機関

※破棄する場合は、悪用を防ぐためパンチで穴をあけたりしましょう。

さくいん

監修者紹介

柴田 典子（しばた のりこ）

エンディングデザインコンサルタント。厚生労働省認定1級葬祭ディレクター。株式会社オフィス・シバタ代表取締役。神奈川県の葬儀社を経て電鉄グループの葬祭会館に入社し、総支配人を務める。2005年に独立し、オフィス・シバタを設立。人生のエンディングに関するコンサルティングを中心に、各種研修、講演会、セミナー、葬儀プロデュースも手がける。テレビ出演、雑誌等でも活躍中。
ホームページ　http://officeshibata.jp

イラスト／二宮久子
カバーデザイン／吉田 亘
本文デザイン／落合光恵、主婦の友社制作課
取材・構成／RIKA（チア・アップ）
編集協力／高橋容子
編集担当／望月聡子（主婦の友社）

最新版《さいしんばん》 喪主《もしゅ》ハンドブック
2019年 3月20日　第1刷発行
2025年 1月20日　第7刷発行

監修者　柴田典子《しばたのりこ》
発行者　大宮敏靖
発行所　株式会社主婦の友社
〒141-0021
東京都品川区上大崎3-1-1目黒セントラルスクエア
電話　03-5280-7537（内容・不良品等のお問い合わせ）
049-259-1236（販売）
印刷所　大日本印刷株式会社

■本のご注文は、お近くの書店または主婦の友社コールセンター（電話 0120-916-892）まで。
＊お問い合わせ受付時間　月～金（祝日を除く）10:00 ～ 16:00
＊個人のお客さまからのよくある質問のご案内 https://shufunotomo.co.jp/faq/

ISBN978-4-07-436424-4